U0025268

GET LUCKY!
助你好運

九 個 心 理 習 慣 , 讓 你 用 小 改 變 創 造 大 運 氣

劉軒 XUAN LIU

推薦序

「幸運」來自從外而內的自我整頓

──知名作家 謝哲青

古老的典籍中，往往隱藏著安身立命、經世致用的實用智慧。

《舊約約拿書》中，記載著一個渴慕榮光與偉大的人，他的名字叫約拿。日日夜夜向上蒼祈禱，終於神回應約拿的呼喊，神賦予約拿一件神聖的任務，差遣他去赦免尼尼微城。不過就在這關鍵時刻，約拿退縮了，想方設法地逃避責任，在《約拿書》中，神使用各種方法激勵、恐嚇、懲罰約拿，甚至還派了一條大魚吞下他，驅策約拿悔改。在百轉千迴之後，約拿接受了他的使命，完成上天所交付的任務。

別以為這只是古老的傳說故事，實際上，「約拿」代表的就是人群中每個嚮往成功，卻也害怕成功的「你」。「約拿情結」，它阻礙我們自我實現，讓我們逃離責任，拒絕承擔偉大與責任，於是，我們用小確幸自我催眠，迴避生命中種種驚奇的可能。

在此，劉軒展現我們相對陌生的心理學專業，透過理性、感性與神性的筆觸，引領讀者穿越迷思與謬誤的密林，教我們成就自己的偉大。

終究我們會發現，「幸運」來自於從外而內的自我整頓。

contents
目錄

preface 推薦序：「幸運」來自從外而內的自我整頓
謝哲青 —————————————— 003

preface 前言：為什麼我要寫這本書 —————— 007

introduction 概論：什麼是幸運的心態？ ———— 013
WHAT IS THE LUCKY MINDSET?

part 1 導正 —————————————————— 020
GET POSITIVE!

habit 1 習慣一：傳送幸運的訊號 ————— 027
HOW TO SEND LUCKY SIGNALS

habit 2 習慣二：培養自我效能感 ————— 055
DEVELOPING SELF EFFICACY

habit 3 習慣三：撰寫感恩筆記 ————— 075
THE POWER OF GRATITUDE

part 2   調頻 ———————————————— 088
TUNE UP!

habit 4   習慣四：以正念回到當下 ———— 095
BE MINDFUL, NOT MIND FULL

habit 5   習慣五：用減法為生活調頻 ———— 115
TUNING YOUR FREQUENCY

habit 6   習慣六：廣泛涉略、深入觀察 ——— 139
FINDING YOUR LUCKY BREAKS

part 3   聯線 ———————————————— 172
CONNECT PEOPLE

habit 7   習慣七：多聽故事，多講故事 ——— 179
LUCK IS IN YOUR STORY

habit 8   習慣八：以利他的心態交友 ———— 203
HOW TO GIVE AND RECIPROCATE

habit 9   習慣九：維持社群網的弱連結 ——— 223
LUCK IS IN YOUR NETWORK

ending   結語：改變＝大幸運！ ———— 243
SMALL CHANGES = BIG LUCK!

special thanks   特別感謝：幸運的緣分 ———— 248
SPECIAL THANKS

WHY
GET
LUCKY
?

前言
為什麼我要寫這本書

命運本來就不公平。若命運公平，我也不需要寫這本書。

有時，運氣來得莫名奇妙。話說Facebook剛成立時，曾邀請一位年輕畫家崔大衛（David Choe）為新辦公室的牆壁做畫。一向我行我素的崔大衛毫不手軟，把牆上塗滿了限制級畫面，但這群剛創業的大學生也看得挺爽。

馬克‧佐伯克（Mark Zuckerberg）當時問他：「你不拿錢的話，我們分你一些股份如何？」崔大衛回答：「無所謂啊，反正你們也都在亂搞！」七年後Facebook的股票上市，崔大衛的身價隔夜變成了兩億美金。

有時，運氣是塞翁失馬。話說梅爾‧吉勃遜（Mel Gibson）年輕時找不到演戲機會，哪怕只是臨時演員的角色，只要有試鏡，他都會去報名。某次試鏡的前一晚，他在酒吧裡打架，下巴跟鼻子都被人打斷，整張臉腫得像個豬頭。

隔天，他開車載朋友去試鏡現場，本來沒打算要參加，結果導演一看到他就說：「哇！你像是從末日世界滾出來的！」豈知，試鏡的電影就是一個講末日世界的故事，而梅爾‧吉勃遜的豬頭樣，反而讓他獲得了二次試鏡的機會。當他痊癒後，導演幾乎認不出他，但對他的粗獷個性和演技印象深刻，於是讓他演主角。這部電影就是「衝鋒飛車隊（Mad Max）」。

它創下了票房紀錄，叫好又叫座，讓梅爾‧吉勃遜搖身變成好萊塢當紅炸子雞。

以上的故事實在令人感嘆：好一個狗屎運啊！

　　其實，這種狗屎運天天都在發生。我講的不是中樂透那種純機率的運氣，而是一種「高度槓桿的幸運機會」，英文叫Lucky Breaks。當這種機會出現時，一個小動作就能換來不成比例的後果。有些人因為一個眼神，而結識了一輩子的伴侶，或因為一句話，而得到了貴人的賞識。也許是一個突發奇想的靈感，造成蓬勃事業的發展。這種幸運機會隨時都可能出現在你我身邊，只怕看不到而已！

　　這本書探討的主題就是：要如何營造我們自己和身邊的環境，導致生活中出現更多Lucky Breaks？

　　會寫這本書，是因為我研究心理學，也覺得心理學給人的幫助非常重要。社會上有一個迷思，認為心理學的目的是為了治病，但其實它真正的宗旨是：讓人理解自己、採取行動，讓自己的思想更健康，進而獲得更充實快樂的人生。如果你有毛病，心理學能幫助你改善自己。如果你已經很好，那心理學能教你一些方法，讓生活變得更好。

　　自從研究所畢業，我的工作涉及了出版、音樂、教育、廣告、媒體、品牌、活動規劃和演出等不同的領域。我很幸運有了這麼多元的經驗，並從小在東西方雙文化成長，能流利操作兩種語言，讓我面對一件事情能同時採用幾種不同的觀察角度、價值

觀和思考模式。也就是從這些綜合領域中，我察覺到了一些社會現象，在職場和教育方面有了一些心得，再以科學模式去研究佐證，結論就是你握在手上的這本書。

這裡要自白一下：在勵志書的領域，我父親是華語世界最暢銷的作家之一，所以我壓根就沒想過當作家，更不想寫勵志書。何必跟老爸搶位子，還要受到讀者們的比較？但如今過了不惑之年，我逐漸發覺，或許在耳濡目染之中，我繼承了一些父親的教育特質。再加上文化和資訊時代的影響，使我得到一些更新的觀念。不知道這是否算「天命」，但我相信我要分享的東西有它的價值，而如今若不善用機會，就未免太可惜了！

我不認為《Get Lucky! 助你好運：九個心理習慣，讓你用小改變創造大運氣》是一本勵志書，而是工具書。它的目的不是鼓舞人心，而是用有科學根據的觀念，來解析如何建立更幸運的思考方式。當然，如果這些文字也能夠帶給你精神上的鼓勵，我也會很開心。

最後要說：近年來社會上有許多負面能量，導致一種無助感。我希望借此扳回一城。人生本就不公平，但你可以抱怨，也可以捲起袖子來做一些實際的改變。當命理師說「知命而改運」，這個「命」可以說是自己的性格。我則相信，理解了「運」的特質，也可以幫人創造更多好運的機會，進而改善我們的世界。

誠心希望這本書為你帶來實質的幫助，讓你能夠為自己打造

更幸福、美滿的人生。

　　Now, let's get lucky！

劉軒 2014年12月

WHAT IS THE LUCKY MINDSET ?

概論

什麼是幸運的心態？

在21世紀初，心理學者韋斯曼博士（Dr. Richard Wiseman）與英國電視台BBC合作，在英國找到了數百位自認為很幸運，以及自認為很不幸運的人，邀請他們到實驗室，做了一系列的實驗，發現幸運的人有四個心理特徵優於一般人：

1. 他們能夠察覺並善用隨時發生的巧遇機會
2. 他們有很強的直覺，並時常靠直覺做事情
3. 他們相信自己的運氣和生活會變得更好
4. 即使遇到挫折，他們有「塞翁失馬」的心態，往往能夠把不順的過程轉為正面的結果

韋斯曼博士後來把研究結論寫成一本很易讀的心理學書，名叫《幸運的配方》（*The Luck Factor: The Scientific Study of the Lucky Mind, Random House, 2003*）。這本書也曾經被翻譯成中文，在台灣出版。因為這些結論都有實驗結果和統計數據佐證，我的研究就從這裡開始，也在此對韋斯曼博士致敬，感謝他做了這些很有意義的開端研究。

細讀了《幸運的配方》後，我還是有許多疑問。韋斯曼博士的結論都很合理，但也略顯籠統。或許幸運的人比較可能會有這四個特徵，但有了這些特徵，未必會是一個幸運的人。我就認識許多特

例：有些人很懂得把握機會，整天忙東忙西，但最後瞎忙一場，沒什麼成就。有些人時常憑自己的直覺做判斷，偏偏直覺總是錯的！有些人很樂觀，什麼事都能往好處想，卻無法改變自己，處境也無法好轉。他們的「塞翁失馬」，比較像是「阿Ｑ精神」。

　　所以我就想：在幸運的心態中，是否能找到更準確的座標？或以結果來反推，是否能找到一些生活方式或思維比較能夠造成幸運的後果呢？

　　首先，我們要定義「幸運」是什麼。

　　我參考韋斯曼博士的研究中所使用的幸運定義，做了一點調整：

　　幸運的人，生命中看似巧遇和巧合的事情，往往都對他們有利。他們似乎比別人更容易得到好處，有更多的機會，時常能夠得到貴人相助，碰到問題往往都能逢凶化吉。他們也經常「無心插柳柳成蔭」，做一點付出，就能換來大收穫。也因此，他們覺得自己很幸運。

　　在我的定義中，沒有「抽籤摸彩都會中獎」、「從災難中奇蹟般獲救」、「特別有偏財運」之類的描述。雖然這的確算是很幸運，但這種運氣大致靠「機率」，而我想把研究專注於「心態」，尤其是能夠改變自己有助於幸運後果的心態。

　　「幸運感」跟「幸福感」一樣，屬於個人主觀感受。有些人活在

人間煉獄還覺得很幸運，但一般人絕不會稱他們為幸運兒。有些人家財萬貫，但一天到晚覺得自己很倒楣，這也不能說是很幸運的人生啊！所以，「幸運」的定義不能完全是主觀的，但也不能忽略當事人對自己的評估。以上面的幸運定義為目標，我便著手往三個方向研究：

1. 「塞翁失馬」、「相信運氣會更好」這些特徵，都屬於「樂觀心態」，而樂觀心態則屬於近年來心理學最夯的研究領域：「正向心理學」（Positive Psychology）。正向心理有許多因素，包括樂觀程度、轉念的能力、是否能讓自己放鬆、對人生的方向感等等。我想要找到哪個正向心理的特質與幸運感有最大的關聯，不僅僅是主觀感覺，而是實際能促成自我改變的心態。

2. 能夠時常發現幸運機會，或能夠有好的直覺，需要對環境有敏銳的察覺力。有關這種能力的研究，在心理學屬於「正念」（mindfulness）的領域。正念訓練現在很紅，尤其「靜坐」（meditation）已經跨出了宗教，被證實對腦細胞確實有益。但靜坐是否就能讓人更幸運呢？靜下心之後，是否有辦法讓我們更容易注意到Lucky Breaks呢？這是我在這個部分想找到的答案。

3. 第三個部分，就是「人際關係」。這在中國人社會特別被重視。因為機會來自於人，個人的幸運也絕對與身邊的人有因果

16

關係，所以我想知道的是：哪些經營人際關係的方法或原則，是每個人無論在什麼文化、社交圈、經濟環境都能夠運用，來為自己創造更幸運的結果呢？而且，在網路時代，我們明顯看到許多幸運的案例，無論是得名或是得利，是在過去的社會不可能發生的奇蹟。我認為任何一個幸運概論，也必然要把網路世界的特性納入考慮。

這就是我們在《Get Lucky！助你好運》這本書中要探索的「幸運地圖」。這本書也以這三個主題，分為三部曲：

第一部叫「**導正**」。除了分析正向心理與幸運的關聯之外，我將分享一些簡單的技巧，讓你的思想變得更正面，也將從肢體語言、表情、聲音部分，教你如何傳出更幸運的訊號，給人留下更正面的印象。

第二部叫「**調頻**」，因為如同一個收音機，當你把自己的腦袋調到了對的頻率，才會注意到幸運的機會。我將在這個章節裡分享一些技巧，教你如何鍛鍊正念力和觀察力，也將告訴你如何設定目標，為自己調頻，並增加工作效率和靈感。

第三部則是「**聯線**」，不是連接的連，而是聯誼的聯。我整合不同領域的研究，分享我認為在21世紀最有幸運效果的社交方法，其中有大原則，也有很實際的練習方式，在online和offline的世界都適用。以社群網路的特性來說，我也將分享一些建議，或可以說是一種「觀點」，希望能幫助你更善用社群網路，達到幸運的效果。

論述過程中，我也會不時提供一些練習的功課。我所分享的習題都不會花很多時間，也不會很困難。我自己最受不了那種講了一番大道理，然後叫你要改頭換面、立地成佛的勵志書。任何的改變都有難度，大改變要從小改變開始，所以「小改變、大幸運」則是我設計這些習題的原則。雖然這本書的結構可以跳著看，但我還是

建議按照順序讀完，因為我覺得當我們出去面對世界之前，應該先做好一些準備，所以這「三部曲」的順序也由內到外，從對自己的「導正」和「調頻」，到對應社會的「聯線」，逐步讓你認識這個幸運地圖，並沿途開始做一些有趣的自我試探和改變。

　　準備好了嗎？讓我們一起展開這場幸運的旅途吧！

part 1

GET POSITIVE!

導正

當你開始讀這篇時，請你先做一件事：拿一根筷子，把它橫著放在嘴巴裡，用你的牙齒輕輕夾住它。如果手邊沒有筷子，用一支筆也行。

這是幹嘛？等一下告訴你。

研究證明，幸運的人比較樂觀[1]。這不難理解，畢竟如果好事經常發生在你的生活中，你也應該比較容易樂觀。但是否當一個樂觀的人，就一定會更幸運？這就比較難定論了。

起碼我們能夠確定的是：**樂觀的人比較受歡迎**。就好像晴天比雨天更讓人有精神，樂觀者從談吐舉止所散發的「正面能量」也能感染旁人，讓大家也比較正面。正面能量比負面能量更有益身心。

心理學界最夯的研究領域之一，就是「正向心理學」。如何讓人培養正向的心態，讓人能更快樂過日子，就是這類研究的宗旨，畢竟人來到世界上，都有權追求快樂。

在我的定義中，有辦法讓自己快樂的人，也是一個幸運的人。你想要當個整天悶悶不樂、憤世嫉俗的大富翁嗎？我可不想。那種人對我來說是「窮到只剩錢」。如果他分我一點，我肯定能花得比他開心！

當然啦，能有錢又快樂，是最理想的狀態，也是我們都在追求的目標。問題是，許多人一直希望自己更幸運快樂，卻在談吐舉止中，處處顯示自己不是一個幸運快樂的人。無論有意或無意，他們傳出負面的訊號，使人較不願接近或信任他們。

　　如果你比較負面，可能時常被勸說要「轉念」，但轉念談何容易？如果我叫你現在不要去想一隻藍色大象，你會想到什麼？人的念頭很容易受到影響，叫我們不去想，反而更會去想。其實轉念除了需要練習之外，更需要「轉環境」，遠離負面影響，才能造成實際的改變。許多人自稱很會轉念，其實只是學會逃避現實而已。

　　所以，如果你要改變自己的運氣，就要從自己的身心開始整頓。在這第一個階段「導正」，我將運用正向心理學、行為心理學和具身認知理論（embodied cognition theory），解釋如何讓自己傳出更幸運的訊號。你不需要強迫自己「凡事都要往好處想」，但經過了這些訓練後，你很可能也會發現自己變得較樂觀、正向。這都是為你做好準備，有最佳狀態察覺，並接收幸運的機會。

　　對了，你還在咬著筷子嗎？很好，請繼續咬著，我馬上解說。

　　以傳統心理學的認知，腦負責思考，身軀則負責行動。

　　但具身認知理論說，我們不僅因為思考而行動；光是做出某些舉動，也會影響我們的思考。

　　舉幾個研究案例：

- 　光是握拳，就足以讓男人感到自己的意志更堅定。[2]
- 　當問卷被夾在較重的剪貼板上，拿著板子的人會覺得問卷的題目更重要。[3]

- 光用牙齒含著筆一段時間，就會讓人覺得自己看到的漫畫更好笑，心情也有所改善。[4]

你發現答案了嗎？：)

當你用牙齒咬著筷子時，臉頰的肌群必須緊縮，而當我們笑的時候，也會用到同樣的肌群。換句話來說，我剛才用一個間接的方式，讓你做出了「笑」的表情，但沒有直接叫你笑。你可以照一下鏡子，就懂我的意思了（用嘴唇或抿著嘴含著不管用，一定要用牙齒才會啟動那些肌群）。我希望你一開始就先讓自己開心一點，這樣就比較願意接受我接下來的建議。

當然，這個效果很輕微，幾乎沒有人光含著筷子就會「豁然開朗」，但透過對照實驗，也確實證明了效果的存在。所以，哪怕只有一點點幫助，也值得試試看，不是嗎？「導正」這個階段有一些其他類似的技巧。即使一開始你覺得只是在裝模作樣，久而久之，當行為「內化」了，也就能「體會」自己的改變。

這就是「導正」──用一些研究證實過的技巧，從外在的體態、表情、聲音，到內在的想法和思考習慣，讓效果累積成形，讓你變得更正面、樂觀、傳達幸運的訊息給你周遭的環境。

注釋：
1.從韋斯曼博士的量化和質化研究，以及我個人的幸運量化研究，都發現樂觀態度與幸運感有極高的關聯。
2.但女性並沒有同樣的效果。Thomas W. Schubert & Sander L. Koole（2009）"The embodied self: Making a fist enhances men's power-related self-conceptions." *Journal of Experimental Social Psychology* 45, 828-834。
3.理論是重量等於「有份量」。Jostmann, N. B., Lakens, D., & Schubert, T. W.（2009）. "Weight as an embodiment of importance." *Psychological Science*, 20, 1169-1174。
4.Strack F, Martin LL, Stepper S.,（1988）"Inhibiting and facilitating conditions of the human smile: a nonobtrusive test of the facial feedback hypothesis." *Journal of Personality and Social Psychology*, 54（5）, 768-777。

HOW TO SEND LUCKY SIGNALS

習慣一：傳送幸運的訊號

幸運的人散發出溫暖、穩定、正向的氣場。被他們的「幸運光柱」掃到的人都會自然被吸引；不幸運的人則散發出不穩定、負面的氣場，不是過於強勢，就是太畏縮，引起人的戒心。光是調整體態，就能夠大幅改善自己的氣場，傳達更好的第一印象。

肢體會說話

　　Kelly和Penny是好朋友，國外留學畢業回國，兩人活躍於台北繽紛的社交圈，各大時尚晚會和精品派對都能見到她們的芳蹤[1]。

　　奇怪的是，她們兩人雖然都頗有姿色，桃花運卻截然不同。憑照片看，Penny似乎比Kelly還更出色，但每次參加派對，紳士們都會主動與Kelly談天，Penny卻時常被冷落。會過來跟Penny搭訕的，不是油腔滑調的player，就是一些打不死的蒼蠅。

　　Penny實在很懊惱，雖然與Kelly是麻吉，但難免心裡會有疙瘩。「為什麼好對象總是找Kelly，我的對象都是爛咖？！」她想著想著，愈來愈不開心。在某次聚會上，Penny還情緒失控，搞得場面很尷尬。Kelly向朋友們私下訴苦，大家才紛紛開始注意。

　　某天晚上，在一場盛大的慈善晚會，我剛好看到她們兩人一起走進來。可惜當時反應不夠快，來不及拿手機拍下來，因為兩人的桃花運為何如此，一張照片就能看出端倪。

　　Kelly的身影在門框內像是一幅畫，端莊優雅，遠看就充滿了自信，緩緩走近時，她看起來大方、亮眼，像是好久不見的鄰家女孩，突然某天在外巧遇，發現她長大了，變成女人了，有一種熟悉的吸引力。

　　Penny穿著七吋高跟鞋，乍看頗有模特兒架勢，但卻是一位剛出道的模特兒，略顯僵硬。她似乎刻意掩飾著自己的緊張，一

手叉腰，一手拿著包擋在胸前，一副「不要靠近我」的樣子。

　　整個現場的氣氛因為這對姐妹花的出現而有了明顯的改變，但兩人的「氣場」卻完全不同。剛現身在入口，你就已經知道今晚的舞台將屬於誰了。也真奇妙，短短幾秒，臉都還沒看清楚，怎麼能判斷那麼多？事實上，我們就是能判斷那麼多。

潛意識在控制你的行為

　　科學家曾經請一群職業演員做實驗，在他們的肩膀、手肘、腳踝等關節貼上感應片，請他們走路、跳舞，並演出各種生活情境。電腦記錄這些貼片在3D空間的位置，螢幕上顯現的只是一些零星的亮點。當亮點靜止不動時，看起來像是一張星象圖，但只要他們開始動起來，連小孩子都能看出那些亮點是「人」，而且還能辨識這個人在做什麼動作，甚至能判斷他們的性別和心情[2]。雖然一般人都能辨識，卻無法解說是如何辨識的；我們「就是知道」。

　　肢體語言的辨識是一種非意識認知，而我們自己的肢體語言也有很多屬於非意識的表達。理性大腦能夠控制我們的手腳該怎麼坐、怎麼站、怎樣跳舞，但它們同時也受到腦緣系統（limbic system）的影響，會有些「下意識行為」露出馬腳。所以，你雖然告訴自己：「天哪，那個像金城武的大帥哥正往我這裡走過來，要穩

住、穩住！」但你的肩膀可能會不自主地變僵硬，突然很想把手抬起來，彷彿要遮住臉，但又告訴自己不行，很快撥一下頭髮，把手放下，再趁機往帥哥那裡瞄一眼……。研究顯示，很多女生在相同情況下都會做出這一套舉動，算是「下意識求偶的行為」。

這麼複雜的肢體動作，又是誰教我們的呢？一部分屬於天生反應，一部分看同儕學習，又一部分是成長經驗，就像辨識肢體語言一樣，其實不需要人教，但問題也就出在這裡。

有時礙於痠痛或生活習慣，我們的肢體動作可能反應的是生理狀態，例如長期錯誤坐姿會使人駝背，但外人也會不經意地從肢體動作閱讀我們的心理狀態。因此，駝背的人會容易讓別人覺得軟弱，缺乏自信（尤其當駝背的是年輕人）。

我們雖然無法意識到自己的慣性動作，但無論是否準確，別人還是會閱讀肢體語言，對我們建立好或不好的印象。也就是說，也許你是因為冷，才會把雙手交叉在胸前，但對方可能就因此覺得你不接受他，也因此對你產生敵意，這不是很冤枉嗎？

幸運的肢體訊號	不幸運的肢體訊號
輕鬆自在，感覺大方、溫暖、樂於接納別人並認識別人；有自信，但不霸氣。	拘謹、龜縮，好像要逃避，不歡迎別人的接觸，或是過於霸氣，讓人不想靠近。

　　所以，這篇的目的，就是讓你意識到各種肢體語言所傳達的訊號。知道了，你就能不時檢查自己的體態，矯正一些長年形成的習慣，讓你展現更正面、大方、幸運的姿態。接下來我們就從頭到腳，一個一個部位來分析吧！

A. 腿／腳

　　肢體語言專家說，這是全身最不會說謊的部位。因為腿能跑、能跳、能登高，讓我們逃離危險，所以，我們會在下意識讓腳指向我們想要去的地方。舉例來說，當兩個人站著聊天時身軀對著彼此，腳卻朝著不同的方向，八成是不打算聊很久，只是「路過寒暄」而已。除非特別注意，不然很難掩飾腳所傳出的下意識訊號。

　　坐姿也能透露許多。最端莊的坐姿是雙腿併攏，雙腳著地，從側面看剛好呈現90度角，但除非在軍隊或是面試，很少人會整天那樣坐著。有些人坐時會把腿張得很開，或是往椅子裡面陷下去。青少年男生很喜歡這麼坐，可能覺得這樣舒服，或是在耍酷，但其實那也是一種下意識行為：把腳張得很大等於「占領地盤」，身軀卻又癱在椅子裡讓自己變得很小，則透露出「我想稱霸、但又想躲起來」的矛盾心態。有些人因為怕生，跟別人交談時，即使心裡可能很喜歡對方，下意識卻會感到壓力，於是會不自覺地把腳轉向別的方向，準備讓自己「隨時逃跑」。

你可能說:「不會啊!我只是那樣比較舒服而已!」我無從反駁,但看在他人的眼裡,你的站姿和坐姿還是會被解讀為某種心理狀態,即便那不一定是正確的,而對方的感受可能會讓他決定幫助你,與你繼續聊,或直接去找別人。

所以,如果你要傳出一種大方、自在的感覺,當你跟別人交談時,請記得把雙腳也朝向對方。如果坐著,可以讓雙腿維持舒適,但不要變成「占地盤」;若要翹腿,請翹向對方,也就是如果你上身向前傾斜,會自然傾向對方的方向。這樣會傳出「我在專心與你交談」的訊號,但請注意不要讓你的鞋底面向對方(某些民族視此為不敬),也不要抖腳,因為那是緊張、不耐煩或過於興奮的下意識動作。

B. 身軀

我初中時,曾經有一位新轉學進來的同學。我記得他第一天來班上報到時,雙手緊緊抱著書在胸前,全班都能感受他的不自在。我尤其感同身受,因為自己也曾經是那個學生。我八歲跟家人移民去美國,當時不會英文,前半年功課跟不上,聽同學們交談也一知半解。也許正是因為如此,讓我對肢體語言特別敏感。

那位初中同學的不自在反映在他的上軀。腹部是身體最脆弱的地方,所以當我們感到威脅,下意識就會主動想要保護這個部位,例如把手臂交叉在腹部或胸前,用包包、書本和其他物件擋

住身軀，或把身軀轉開。這些舉止都傳出不自在的訊號。

所以，若你要讓別人覺得開朗、大方，傳達「我是幸運的人」的訊號，就要記得讓自己的身軀隨時都面向對方，也不要把手臂交叉在胸前。如果是因為太冷，你可以跟對方說：「對不起，這裡真的很冷！也許我們可以找個比較暖的地方繼續聊？」你甚至可以微微把身體傾向對方，而很奇妙地，對方很可能也會不自覺地傾向你。這種下意識彼此模仿的動作叫鏡像（mirroring），可以進一步增加雙方對彼此的好感。

C. 手

手部的小肌肉與大腦也有很密切的關聯。多半人在交談時，手也會跟著說話。手勢和手語的含意太多了，而且有文化差異，在這裡先不討論，但有幾個基本原則可以參考：

1. 若你要顯得較有活力、比較熱情，說話時可以讓手多動一點，但盡可能讓對方看到你的手心。講話時用手掌面對觀眾，會比用手背或手指對著觀眾顯得更友善，因為手背在潛意識有隱藏或壓迫的暗示，用手指著對方則是命令的舉動，會讓人很不舒服，應該盡量避免。

2. 大拇指很重要，因為它不但力氣最大，也讓人類能夠攀爬和擒拿，是「能力」的象徵。所以我們秀出大拇指表示「讚」、「有

能力」的意思。仔細觀察，你會發現比較害羞或緊張的人會把拇指藏起來，而秀出拇指則是比較自信的訊號。試試看：面對鏡子，把兩隻手插在褲子口袋中，看看自己的樣子，再以同樣的姿勢，但這次把兩個拇指露在外面。看起來很不一樣吧？根據統計，老闆和高階主管會在員工面前這麼站著，而較低階的職員則較常把拇指藏起來。所以，想隱約透露自信和地位，就多露出大拇指吧！

3. 「手肘」是身體上很堅硬靈活的部位，打鬥時可攻可守，因此手肘的位置會向對方傳出訊號。手肘抬高，朝向對方是一種武力的姿態，電影中，常常都會看到幫派這麼站著。雙手插腰也是一種下意識「占地盤」的舉止，容易給人霸氣的感覺。相對的，手肘緊貼著身體，則給人拘謹的感覺。改天在聚會上，你可以觀察朋友們擁抱時的手肘位置：愈熟的朋友，互相張開雙手擁抱之前，手肘會離身體愈遠，而如果雙方比較不熟，即使在擁抱，手肘還是會比較貼近自己的身體。所以，要展現自在、友善的樣子，就要記住盡量避免讓手肘直接朝向對方，交談時很自然地讓手肘維持在身軀兩旁，不需要張得太開，也不要貼得太緊。

D. 頭和肩頸

我們在下一段會特別討論臉部表情的訊號，但光看一個人的頭

和脖子的位置，也能獲得許多訊號。脖子是大動脈最顯露的位置，是個脆弱的部位，也是個性感的部位；許多哺乳類動物在交配時會咬住對方的脖子，可能是因為那裡會散發費洛蒙。如果你看到一對男女在交談時，女方稍微傾斜著頭，露出一點脖子的時候，那是一種好意的暗示。也難怪當小孩子眼睛大大看著你，把頭歪一邊時，會顯得特別可愛。但如果你發現在交談中，對方一直摸著脖子後面，除了他可能肩頸痠痛，需要推拿之外，也可能是焦慮或不耐煩的暗示，也因此要盡量不要這麼做，以免別人誤會。

至於頭的位置，大致上可以用下巴來定位。下巴抬得高是自信的表現，抬得過高則會給人高傲的感覺；縮著下巴則相反，傳出的訊號較為弱勢，若同時還駝背聳肩，則是典型的「龜縮」，這種肢體語言會給人心虛、沒自信的感受。小孩子被抓到做錯事的時候，就會很明顯有這種肢體語言。

有沒有更簡單的方法!?

這時，我相信你一定會說：「哎喲，這麼多部位要注意，我哪記得住啊？一直提醒自己調整體位，也太累了吧？」是的，我知道這樣很累！而且許多老習慣也很難一下子改過來。刻意去改，反而彆扭。怎麼辦呢？有沒有更簡單的方法？有！

《FBI教你讀心術：看穿肢體動作的真實訊息》這本書（如果你

對肢體語言學有興趣，我很推薦細讀）提到：「真正的對抗地心引力行為，通常是反映一個人正面情緒狀態非常可靠的溫度計，而且看起來是純真的。」[3]當你看到一個開心的人走路時，他們步伐是輕盈、雀躍的，幾乎像是要跳起來一樣。但一個落魄的人走路像是背著重擔，幾乎要沈入地面。

換句話來說，光是想像地心引力在身上的作用，我們就能體會全身會有的肢體動作。同樣的，我們不需要刻意專注每一個身體部位，光用一些想像的方式，也可以自然地讓身體「到位」。

我是瑜伽初學者，在課堂上也曾經聽老師講過這個觀念。舉例來說，在做Vriksasana（又稱「樹」）這個單腳站立、雙手朝上的體位動作時，新手很容易會失去平衡[4]。但如果你做這個姿勢的同時，想像雙手正抓住一條從天花板垂下的繩子，就會覺得容易許多。這個效果實在很神奇，不妨自己試試看！

這背後的原理屬於意念動作效應（ideomotor effect），簡單來說，我們的意念除了能操控肢體大肌肉之外，有一些無法單獨操控的小肌肉也會受到意念影響。所以，若能用簡單的想像意念（visualization）來調整體態，我們也就能達到自然的肢體「導正」效果了！

Try this !

掃描 QR CODE
就有影片可看囉!

首先,找個安靜、不會被打擾的地方,靜靜地立正站著,微縮小腹,下巴不要抬高。接著,讓自己放輕鬆,從頭皮、眼皮、耳朵、下巴、脖子、肩膀、手臂⋯⋯,一路放鬆到腳,讓地心引力很自然地作用在身體的每個部位,感受身體自然的重量。

然後,想像一條閃亮的線,把你的骨盆和每一節脊椎串連起來,往上通到脖子,穿過大腦,最後從頭頂的百會穴延伸出來,再繼續向上延伸,穿過天花板,直接通天。想像這條線在天上固定,把你整個人從坐骨到骨盆、每一節脊椎、脖子、頭顱,都整個拉起來,讓你整個人都被提得更直。想像你的頭皮還會因此微微發麻,你的雙腳因此變輕,因為一部分的重量被光纖「提起來」了。

以後,每當你感到疲倦,覺得身體沈重,就用這個想像的「光纖」把你全身提起來一下。當你走路時,也可以想像這條光纖通到天上,讓你的步伐變輕、四肢靈活擺動,想像你若輕輕一跳,都能在空中停留更久的時間。聽起來很玄,但其實很實際。這麼做,能幫助你快速調整體態,駝背的問題也會有改善。

當你跟別人交談時,也有個類似的心法:想像一道「幸運光柱」從你的胸膛發射出來,而這個幸運光柱對準了誰,誰就會得到你的幸運訊號。當幸運光柱對準對方的心,你們就更能「將心比心」,有更良好的溝通。所以,不能用手臂或皮包擋住這道光柱喔!而當你把雙手張開,彷彿要擁抱對方的時候,那道光線就像聚光盆一樣會散得更廣、更亮。用這樣的想像意念,就能自然把身體朝向對方,避免遮住身軀,並展現大方、溫暖的姿態了。

走進一個房間時：你的幸運氣場

東方玄學家講的「氣場」，跟西方玄學的aura很像，用來形容人所散發的靈魂光譜。無論這是否有科學根據，我們還是可以運用「氣場」來形容體態和肢體語言。幸運的人散發出溫暖、穩定、正向的氣場。被他們的「幸運光柱」掃到的人都會自然被吸引。不幸運的人則散發出不穩定、負面的氣場，不是過於強勢，就是太畏縮，引起人的戒心。光是調整體態，就能夠大幅改善自己的氣場，傳達更好的第一印象。

回到當晚的慈善晚會，當Kelly和Penny出現時，她們兩人的體態，就反映了不同的氣場。Kelly感覺自在又自信，讓人覺得與她交談會很舒服，也難怪會有不少人主動去跟她談天。Penny的體態讓人覺得她有所防備，跟她交談說不定只會碰到冷肩。也許也因此，只有那些厚臉皮、打不死的蒼蠅才敢上前搭訕，也很可能是因為她較沒自信的樣子，讓那些「肉食男」見獵心喜！兩個條件都很好的女生為何桃花運不同，從一進門就已經看出來了。

我上前跟兩位美女打招呼，並小聲地跟Penny說：「妳應該寧可在家裡看電視吧？」

Penny倒彈一下，瞪了我一眼，然後悄悄說：「天哪，我有那麼明顯嗎？」

「還好啦，別人應該看不出來，開玩笑的！」我趕緊安慰她，

但心裡其實想說的是：「別人應該看不出來……但他們能感覺到！」

好吧，改天她心情比較輕鬆的時候，我一定要送她一條「光纖」。

「茄子」是最好的見面禮

　　我曾經有一位女友，與她交往了兩年，其中一年半都覺得她母親痛恨我。她每次見到我，就彷彿見到仇人一樣，下巴抬得高高，嘴角向下撇，皺著眉頭，這樣說或許很不禮貌，但那樣子……活像是一隻鬥牛犬。我一直都躲她遠遠的，要不是女友的父親挺我，我早就知趣告退了。

　　直到某天，陪女友整理老相簿時，看到了她小時候的全家福，發現她母親在每一張照片裡，竟然也都是同一個表情，我忍不住問：「你媽怎麼總是看起來不快樂？」

　　「喔，這就是她啊！」女友說：「她天生嘴角下垂，中年後變得更嚴重，平常看起來很嚴肅，但其實人很好，你多跟她相處就知道了！」

　　也的確，後來鼓起勇氣，跟女友的母親好好聊了幾次之後，我發現她確實是一位心地善良、傳統樸實的婦女。每次去她們家做客，她端出來的菜色都足以把我撐爆！跟她道謝，她也只會板著臉說：「還好啦！多吃！」於是，我給自己私下設了個挑戰：總有一天，我要把她給逗到笑出來！

　　很遺憾，任務還沒達成，我就與女友分手了，但我們一直是好朋友。後來她在國外結婚，我還特地飛去參加。婚禮上，她母親那一臉嚴肅，把主婚的神父都嚇得戰戰兢兢。

之後在派對酒會，我把前女友的先生拉到一旁說：「私下告訴你……我以前其實超怕她媽的！」

這位仁兄一聽，立刻跑去倒了兩杯酒。「我的天，我懂你的意思！來，乾杯！」

我們確實以貌取人

我相信各位身邊都有一些「面惡心善」的朋友。我覺得他們實在很吃虧，因為雖說不能「以貌取人」，但事實上我們總是這麼做。俊美的面孔不但更吸睛（連嬰兒都喜歡），而且人們很容易把「美」和「真、善」混在一起[5]。

長得美，還會令人降低戒心。美國學者曾把國會參選人的大頭照給一群完全不認識這些候選人的民眾評分。民眾認為看起來比較誠實、有能力（其實就是看得順眼）的候選人後來大部分都當選；純粹以面相預測選舉結果，竟然比政績民調還更準！[6]

1960 年的「甘迺迪 vs 尼克森」的辯論，是美國第一次由電視轉播的總統候選人辯論會，舉國高度關注。甘迺迪當天精神奕奕，一身健康的古銅肌膚，但尼克森卻在發高燒，氣色糟透了，而且還很大男人地拒絕上妝，鏡頭拍起來更慘。據說尼克森的競選夥伴一看到轉播，就跟旁邊的人大叫：「完了，那兔崽子害我們敗下江山了！」當天的民調顯示：聽廣播的民眾，多半認為尼克森

的論述比較好，但只要是看了電視轉播的人，都認為甘迺迪的表現遠遠勝過尼克森！後來甘迺迪以小幅差距當選美國總統，許多評論家都認為是那場電視辯論的功勞。

　　坦白說，這還滿令人擔心的。如果面貌能決定國家大事，在工作、感情、人際關係上豈不更是如此？但無可否認的，長得好看的人比較吃香，也難怪醫美診所都家家門庭若市。而整形是否能改運？只要能讓你更有自信、更能欣然面對世界，也許也能帶來更多機會。但同時，也常聽人說：「某某第一次整變漂亮，第二次整就變醜了！」有些人把自己整過頭，永遠在追求心中的完美，而最終發現達不到理想的時候，那種焦慮和沮喪反而是一種厄運。大家都想更美，但凡事適可而止。

　　換個角度想，有些人不花時間煩惱外表，專心充實內在的功力，反而更會成功；王永慶和馬雲沒有福貌，但他們滿臉寫著勤勞。

　　所以，除了整形，我們有辦法能靠自己改善面相運氣嗎？有，而且比你想像的容易多了！

最幸運的面相

　　人類臉部的42條肌肉能組合出7000種表情，但其中只有六種是跨文化、跨種族共通的，那就是「悲傷」、「憤怒」、「恐懼」、

「驚訝」、「厭惡」和「快樂」。這六種原始表情，只有一個是「正向」的，可見我們的老祖先多不開心！科學家這麼解說：原始生活很危險，所以表情是給同胞們看的警訊。唯有一切平安、溫飽時，人才會露出笑容，告訴身邊的人：Everything is OK！

人們見面時的「第一印象」在六秒內就能建立，而眾多研究從不同角度、不同文化的實驗分析中，最能夠有效建立良好第一印象的行為就是「微笑」[7]。就這麼簡單？是的，讓我重複一次：

如果你希望自己更受歡迎，有更良好的社交生活，獲得更多幸運的機會，一個最簡單有效的技巧，就是多微笑。

微笑的影響力有多大呢？曾經有一群心理系學生在課堂上做了這麼一個惡作劇：當教授講課時，每當他走到教室的右邊，課堂的學生們都會對他微笑，但只要走到教室的左邊，學生們便把笑容收起來。教授在右邊看到微笑，在左邊看不到微笑，而一堂課的時間內，教授就這麼被「遙控」到只站在課堂右側，而自己也說不清楚為什麼！

如果微笑無形中有這麼大的吸引力，在一群茫茫人海中，你

43

的微笑很可能就會是招來貴人的關鍵。

　　當然，我們也都認識笑得很假、皮笑肉不笑的人。他們的微笑反而引人起疑，感到不安。那是為什麼呢？微笑有上百種，但什麼才是「真誠、幸運」的微笑呢？

　　試試看：面對鏡子，把兩邊嘴角往上提，露出一點牙齒，像有些攝影師喜歡叫人說「茄子～」一樣。好好欣賞一下自己的面貌，這就是典型的微笑。

　　接著，轉身背對鏡子，維持剛才的表情，但現在想像你正在看著你最喜歡的人──也許是你的另一半，也許是你的小孩，甚至也許是你養的貓狗也行。想像他正在你面前擺出一個超可愛的動作，頭歪歪地正在對你微笑，而你也正在對著他微笑。然後，準備好了嗎？立刻轉身面對鏡子！你臉上的笑容是否不一樣了？

　　一般人都會有點不同，又說不上來哪裡不同。是這樣的：當我們微笑時，從嘴角延伸到顴骨的顴大肌（zygomatic major）會收縮，造成嘴角上揚。而當我們真心微笑時，還有另一組布局在眼球周圍的「眼輪匝肌」（orbicularis oculi）會收縮，讓眼睛的外側稍微縮緊。這種微笑會讓對方覺得我們更友善、真誠；即使他們沒聽過「眼輪匝肌」，潛意識也能辨識這兩種笑容的差別，而給人不同的感覺。

　　眼輪匝肌難受意識控制，開心的時候也很難叫它們不啟動，所以我覺得orbicularis oculi應該改名為「真心微笑肌群」，比拉

丁學名好記多了！這個肌群雖然不聽使喚，但我們能大致模擬它的效果：**下次拍照時，試著微微瞇眼，刻意讓眼角皺起來，就會較像真心笑容**（據說空服人員的培訓課程中，都有傳授這一招，以便給乘客更多好感）。當然，你若是真的開心，也就不用假裝了，不是嗎？你可以靠想像力，想像最心愛的人正在對著你微笑，或家裡的貓狗正在你面前耍可愛。光是這麼想像，也能夠啟動真心微笑肌群。

　　唯有一個副作用：經常真心笑，容易擠出魚尾紋。如果你已經眼角有魚尾紋，可以安慰自己：這是比較真誠慈祥的面貌！反而有些人肉毒桿菌打得過多，魚尾紋消了，周遭肌群也麻痺了，這時才真的會看起來「皮笑肉不笑」呢！

　　所以，請大方、真誠地微笑吧！一個微笑足以化解敵意、促進友情、安撫人心，也能招來善緣。不要覺得微笑顯得軟弱，因為多微笑也能為你增加信心，並讓你的心情跟著變好。記住這句經典良言：

**用你的微笑改變世界，
但別讓世界改變了你的微笑。**

PS.恭喜前女友的老公，完成了「不可能的任務」，讓岳母笑得合不攏嘴！那是後來在Facebook上看到的一張全家福；在照片裡，她正抱著剛出生的孫女。

說出好人緣

　　瑪格麗特‧希爾達‧羅伯茲（Margaret Hilda Roberts）熱中於政治，在地方選區有不少擁護者，還當選了下議院代表，對全國政壇也有一絲希望。但當時在1970年代的英國，女性政治人物寥寥無幾；她的最大挑戰，就是讓選民相信她是個有能力的領導人。

　　經過了一番討論，她的顧問團隊給她的建議竟然是：「改變妳說話的聲音！」她的公關指導直言：「天上的麻雀，都能被妳的高音射下來！」因為瑪格麗特說話的聲音太過尖銳，還曾經被媒體人比喻為「像一隻貓伸著爪子滑下黑板」，顧問認為很可能會讓選民覺得她不夠沈穩。

　　瑪格麗特堅決地回答：「我的政治立場不可改變，但我的聲音可以！」於是，她請發聲教練教她如何把語調降低、速度放慢，完全轉換了自己的說話方式。幾年之後，她當選了英國第一位女總理。瑪格麗特‧希爾達‧羅伯茲，就是我們所知道的「鐵娘子」：柴契爾夫人。

聲音是能改變的

　　被許多現代命理師奉為大作、清代中興名臣曾國藩的識人學《冰鑒》中寫道：「人之聲音，猶天地之氣，輕清上浮，重濁下

墜……聞聲相思，其人斯在，寧必一見決英雄哉？」[8]意思就是人的聲音像陰陽五行之氣，有清濁之分，清者輕而上揚，濁者重而下墜；只要聽到聲音，不一定要見到面，就能判斷對方是英才，還是庸才。

而柴契爾夫人的例子告訴我們兩件事：一、人的聲音是能夠改變的；二、雖說「輕清上浮，重濁下墜」，但假如你想從政，低頻會比高頻吃香！研究統計顯示，選民比較喜歡聲音低沈、有共鳴的候選人，覺得聽起來比較穩重、有權威和能力感。[9]還有研究曾分析美國800多家上市公司，發現講話聲音愈有低頻的CEO，薪水就愈高！[10]

每個人都有自己天生的聲音特質，假如你講話像崔弟鳥，不用刻意去模仿黑魔王，但如果想讓自己給別人更好的印象，更容易獲得發言的機會，改善自己的說話聲音確實會有幫助，而與「面相」比起來，「聲音」的可塑性高多了。

聽聽職業配音員怎麼說

我的錄音工作室時常會與配音員合作。愈是專業的配音員，導演的工作就愈輕鬆，只要稍微描述角色劇情，一開麥就到位。他們也實在厲害，有時同一個人能扮演好幾個角色，一下子是慈祥的祖母，一下子是調皮的小孩，一下子變成曼妙的少女，變聲

跟變臉一樣。

　　好玩的是，有很多導演沒說的演技，配音員自己就會決定：像是房地產廣告，價位愈高的建案，配音員的聲音就會愈低頻，但只要是大賣場、便利商店之類的廣告，配音員就拉著嗓子尖叫，像發瘋了一樣。如果角色是個學者或權威較高的人士，配音員就會把台詞念得字正腔圓，但角色若是鄉下人，講話就會很大聲，還一定摻些台灣國語。可見什麼樣的人「該」有什麼樣的聲音，在大家心中都已經有了刻板印象！

　　當然，每個配音員都有自己原本的特質，男生有的渾厚；有的響亮；女生有的甜美；有的可愛，但都聽起來很悅耳，像唱歌一樣。有一位年輕女配音員令我印象特別深刻，因為她的聲音散發著「母性」（她也確實配了不少媽媽產品的廣告）。那不是中年婦女的慈祥，而是一種青春知性的磁性。我相信不少男人光跟她講電話，就會愛上她！

發音的技巧

　　身為聲音工作者，我發現比較幸運、快樂的人，通常也都有好聽的聲音：順耳、圓潤、開朗，他們的正面磁場透過聲音而發揮感染力。相反的，是否聽過人家說：「某某人長得很正，但一開口就毀了？」這未必跟他們說話的內容有關；即使用儀器掩蓋了內

容，一般人光憑說話的音質，就足以對陌生人產生許多印象，甚至能預測對方是否會是個好老師或醫護人員！[11] 聲音本身就能夠影響別人對我們的印象，但一般人花不少心思在自己的相貌外表，卻不會花心思在自己的聲音外表，有點可惜。

發音技巧是一門學問，需要多年的練習才能出師。是否一般人都學得會呢？我請教了身邊的專業配音員們。

他們說：聲音要好聽，第一個要點就是：「**中氣**」要足。這跟喉嚨的狀況和呼吸方式有關。舉例來說，你某天打電話給朋友，一聽到他「喂～」一聲，就知道他才剛睡醒，因為他的嗓子還沒開，聲音比較沙

tips

好聲音三步驟

1. 起床先開嗓。
2. 說話時吸足了氣。
3. 說話時維持笑容。
（尤其講電話時）

啞，氣音特別重。建議起床先暖身，用漱口來活動臉部肌肉，並在淋浴時高歌一曲，讓熱水幫助血液循環，讓嗓子自然暖起來。此外，**講話前一定要吸足氣，聲音才會有力**。許多人因為平時呼吸太淺，聲音容易悶。下次開會前，不妨先緩緩深吸氣再開口，你會發現聲音比較洪亮，也聽起來比較有自信。

還有一個基本建議，是從電話銷售員學來的：說話時，記得保持微笑！嘴角稍稍向上提，聲音就會變亮，露出一點牙齒，咬字也會比較清楚。這樣說話會給人較友善、開朗的感覺，即使透過

電話也感覺得到。三個簡易的撇步，就能夠讓你的聲音更悅耳、給人更好的印象，相信你我都做得到。

導正你的語言

接下來的就比較難了，因為這需要改變個人用字的習慣。

有些人聲音好聽，但如果言詞充滿了負面字眼，粗口連篇或是唉聲嘆氣，也不會給人幸運的感覺。跟這種人相處，很難不受影響，讓自己也變得負面。

在fMRI的及時腦部掃描中，當人看到或聽到NO這個字時，大腦就會分泌數種不同的壓力賀爾蒙和神經遞質。[12] 而當我們自己說出負面字眼時，那種效果更明顯。這不但會影響自己的思考和溝通方式，也會讓對方呈現相同的反應，造成溝通言語的負面循環。所以，如果你想導正自己的思想，建立正向磁場，就必須注意自己的語言，避免負面字眼。

對外人的禮貌，對家人更重要

其實亞洲社會已經滿注重這些細節。在商場打混久了，應該都知道什麼時候說話要婉轉、圓融。問題是，許多人在外面善言得體，對家人卻言詞苛刻，聽起來負面極了。我們可能覺得家人

最親近，不需要掩飾，也因為是家人，所以應當能夠理解。不過，人就是人啊！無論多親近，都還是會受到情緒影響。況且工作能換，家人卻換不了，所以每天會見面相處的人，更是應該用正面的言語對待。

許多否定句，例如「別吵我！」、「不要再看那個節目了！」、「不要老是在吃飯的時候玩手機！」其實是不清楚的命令，因為聽者只知道不要怎樣，卻不一定知道你要他怎樣。若改成：「請把手機放下來」、「我希望你可以看別的節目」、「我現在很需要清靜」，不僅避免了負面字眼的刺激，也更明確地表達了你「希望」的結果。這一點，對孩子的溝通上尤其重要。

負面字不可能完全移除，「不」也有它溝通的必要性。只希望各位能借此多多注意自己的語言行為，盡可能講正面的話，把消極言語轉為積極言語，把批判改成建設性批評，把「口業」轉為「口德」。若你這麼做，幸運必然更快到來！

> 最令人傷心的話就是「我愛你，但是……」
> 最令人窩心的話就是「但是，我愛你……」
> ——無名氏

注釋：

1.她們目前依然單身，但我不會提供她們的FB給兄弟們，sorry! 只能說有緣某天就會認識吧！

2.A. Atkinson et al., "Emotion Perception from Dynamic and Static Body Expressions in Point-Light and Full-Light Displays," Perception 33（2004）: 717-746。

3.《FBI教你讀心術》p.111（大是文化出版，2009年）。

4.http://en.wikipedia.org/wiki/Vriksasana。

5.其論述原出現於 Dion, K. & Berscheid, E. What is beautiful is good. Journal of Personality and Social Psychology,（1972）Vol. 24 No. 3, 285-290。

6.被視為「有能力的面相」的參議院候選人其中高達72%獲勝。Alexander Todorox et al., Inferences of Competence from Faces Predict Election Outcomes, Science 308（June 10, 2005）: 1623-1626。

7.這方面的相關研究很多，以下列出一個早期和一個近期的研究：

Bayes, M. A. Behavioral cues of interpersonal warmth, Journal of Consulting and Clinical Psychology, Vol 39（2）, Oct 1972, 333-339。

Cafaro, Angelo et al., First Impressions: Users' Judgments of Virtual Agents' Personality and Interpersonal Attitude in First Encounters, Proceedings of the 12th International Conference on Intelligent Virtual Agents, September 2012。

8.此段摘於第六篇聲音鑒：「人之聲音，猶天地之氣，輕清上浮，重濁下墜。始於丹田，發於喉、轉於舌，辨於齒，出於唇，實與五音相配。取其自成一家，不必一一合調，聞聲相思，其人斯在，寧必一見決英雄哉？」

9.Tigue et al.（2011）. Voice pitch influences voting behavior. Evolution and Human Behavior。

10.Mayew et al,（2013）,. Voice pitch and the labor market success of male chief executive officers. Evolution and Human Behavior, 34, 243-248。

11.Rosenthal, Robert（1998）"Covert Communication in Classrooms, Clinics, and Courtrooms," Eye on Psi Chi. Vol. 3（1）, p. 18-22。

12.Alia-Klein N. et al,（2007）"What is in a word? No versus Yes differentially engage the lateral orbitofrontal cortex." Emotion, 7（3）, p. 649-59。

habit 2

DEVELOPING
SELF
EFFICACY

習慣二：培養自我效能感

「鍥而不捨」是幸運人的特質之一。他們的毅力讓他們能夠撐過瓶頸，當多數人都放棄時，他們還能繼續堅持，直到某一天，一個 Lucky Breaks 讓他們扭轉乾坤。

第三次嘗試才會遇見幸運

我父親是我認識最成功的人之一。他白手起家，沿途也受到不少幸運的眷顧。

我出生時，家境並不富有，連小康都稱不上。家裡沒有廁所，只有一間跟左鄰右舍共用的茅房。房子是違章建築，緊挨著鐵道，蓋的不是很好。火車每經過一次，家裡就「地震」一次。

當年，我父親因為口才好，獲得機會主持一個全新的益智節目，叫「分秒必爭」。他從主持、撰稿、出題全都一手包辦，經常工作到深夜。每次節目開始，父親會面對鏡頭做個簡短的勵志開場，稿子都是自己寫的。過了一段時間，累積了不少篇這種小段子，已可集結成冊，他便投稿給台灣許多出版社，但全被退回來了。被拒絕的原因：「篇幅太短，份量不足」。

父親並沒有放棄，直接跑去印刷廠，拜託老闆算他便宜些，以最廉價的紙墨、最陽春的裝訂，印成小小一冊。印完第一刷，版子就拆了，根本沒指望會再版。

但很奇妙，這本書賣得愈來愈好，詢問度愈來愈高。某天甚至接到一通電話，是國防部打來的。那個年頭，國防部打給你，八成沒什麼好事。

「劉墉先生，我們讀了您的著作。」電話另一頭的聲音說：「我們覺得篇幅簡短、內容合適，且攜帶方便，適合國軍閱讀，想跟

您訂購幾本。」豈知，其他出版社拒絕的原因，正是國防部看上的原因。收到訂單，我父母親都落淚了，因為那「幾本」的訂單，其實是好幾萬本。

這本名叫《螢窗小語》的書，改變了我們全家的生活，也讓我原本計劃以繪畫維生的父親，無意間成了暢銷作家，影響了好幾代的年輕學子。假如當年父親收到那些出版社回信，就打消了出書念頭的話，一切都會不同。

而當我問父親：「你覺得成功的關鍵是什麼？」他毫不猶豫地回了我四個字：「鍥而不捨」。

「鍥而不捨」，英文解為一字：Persistence。

無論中外，幾乎所有成功人士的傳記中，都會提到persistence是成功的關鍵之一。而英文有句諺語「Third time's the charm（第三次嘗試才會是幸運的）」，而企業巨匠的堅持和毅力往往遠超過三次。愛因斯坦在相對論之前發表過上百份研究；愛迪生做了上千次實驗才發明了電燈泡；畢卡索畫過上萬張作品；理查‧布蘭森（Richard Branson）的維京集團（Virgin Group）成立過400多家公司；Google推出過上百種數位產品，連現在被外界視為「百發百中」的蘋果，在研發過程中也淘汰了90%的點子。[1]

相信自己是幸運的開始

　　鍥而不捨的人的確比較幸運嗎？英國的韋斯曼博士就曾經做過一個實驗：他找到一群自認為幸運的人和一群自認為歹運的人，邀請他們個別到實驗室，看一個幾何形狀的謎題。韋斯曼博士向他們解釋：這個謎題有兩個版本，一個很容易解開，另一個幾乎不可能解開，而每個人會拿到的是其中一個，並問大家光憑目測，是否能判斷那是簡易版，還是困難版呢？事實上，這些人拿到的都是同一個謎題，根本沒有兩個版本，但自認歹運的人，有六成認為自己拿到了「困難版」，而自認幸運的人，卻有七成認為自己拿到「簡易版」。韋斯曼博士於是寫道：「面對挑戰時，許多不幸運的人似乎還沒開始，就已經放棄了」！ [2]

　　不僅如此，韋斯曼博士還讓兩組人個別嘗試解開另一個3D積木謎題。這次，他並沒有說這個謎題有多麼困難（事實上，它幾乎不可能解開）。當這些實驗者與謎題獨處時，自認歹運的人試了不到20分鐘就放棄，但幾乎每一位自認幸運的人都研究了超過半小時以上，很多還要求多給他們一點時間，因為他們就是不信自己解不開！ [3]

　　顯然，「鍥而不捨」是幸運人的特質之一。他們的毅力讓他們能夠撐過瓶頸，當多半人都放棄時，他們還能繼續堅持，直到某一天，一個Lucky Breaks讓他們扭轉乾坤。

「幸運」就是當「準備」遇上了「機會」。

—歐普拉（Oprah Winfrey）

「鍥而不捨」聽起來簡單，但做起來卻相當困難。長輩們常說：「咬著牙撐過去」、「吃苦當吃補」，似乎成功需要的就是超級的耐力、堅強的意念，或是愚公移山的傻勁。但如果成功的關鍵就僅是刻苦耐勞的話，那應該有更多人成功才對。我們都認識一些善良老百姓，一輩子埋頭苦幹，像水牛似的頭低著，默默地拖著犁，在一個工作崗位守到退休，也沒等到良機？許多人靠著傻勁打拚，也未必能碰上運氣敲門？

毅力和運氣是否有更準確的座標呢？我們除了憑耐力奮鬥，撐不下去的時候責怪自己沒骨氣之外，是否有其他的關鍵因素，能更有效率地鍛鍊自己的毅力，並讓這種毅力更能夠對抗失敗呢？

我在心理學的文獻中，找到了一個線索。它來自20世紀最有影響力的社會心理學者之一，班杜拉博士（Dr. Albert Bandura）。班杜拉博士在1960年代研究恐懼症患者。當時「行為心理學」稱霸，許多治療師都認為只要反覆訓練，任何人都能克服恐懼，但班杜拉博士發現病患是否能克服恐懼，似乎取決於他們是否相信自己有克服恐懼的能力。這種觀念挑戰了行為學的基本理論，於是班杜拉博士悄悄自行研究，在1970年代終於發表了他的理論，取名為 Self Efficacy。根據班杜拉博士的定義，Self Efficacy 是「對

自己是否能夠應付某種狀況的能力的信心」。[4]這聽起來相當饒舌，直接引用Self Efficacy的測驗反而比較容易懂：

- 我能冷靜地面對困難，因為我可信賴自己處理問題的能力。
- 有麻煩的時候，我通常能想到一些應付的方法。
- 如果我付出必要的努力，我一定能解決大多數的難題。[5]

Self Efficacy較高的人，就會比較同意以上的話。我們也可以這麼比對：

Self Efficacy很強的人	Self Efficacy較弱的人
把問題視為能被克服的挑戰	盡可能避免挑戰
做事較能全心投入	覺得高難度的事情會遠遠超過自己的能力
能較快走出挫敗的失落	容易重複回想自己的失敗經驗
對自己的生活和興趣充滿熱忱	很容易對自己的能力失去信心

中文將Self Efficacy翻譯為「自我效能感」，我在此簡稱為SE。它與「自信」不同，因為沒有能力的自信只是「自我感覺良好」。SE也與單純的毅力有差，因為它講的是能夠解決問題、應

付狀況的靈活腦力,而不是蠻力。SE 強的人會持續努力,是因為他們覺得自己有能力,也勢必會達到目標。

如今,Self Efficacy 是正向心理學非常熱門的研究議題,有無數個研究證實了它的效果。尤其在教育、職場表現、自我管理、運動健康方面都有明顯的關聯。

以我對我父親的觀察,他的「鍥而不捨」有一部分來自於不服輸的心態(他真的很好強!),另一部分則是他的好奇心。有時他很像小孩子,喜歡做各種實驗。以前住在紐約郊區時,我父親想在後院種菜,鄰居告訴他別試了,那裡的土壤種不出什麼好東西,我父親卻去查書、跑到花店請教店員,還叫我跟他去森林裡挖土,一袋一袋抱回家倒在後院。經過了各種嘗試,我們竟然在十坪不到的後院種出了十幾種蔬菜,而且黃瓜有一個手臂長,番茄有兩個拳頭大!

所以,我父親的「鍥而不捨」,其實跟「自我效能感」比較像。

> 我承認我是一個樂觀主義者,
> 任何疑難雜症在我看來都能夠迎刃而解。
>
> ——比爾·蓋茲(Bill Gates)

聰明的堅持

　　為了研究幸運心理的因素，我設計了一套問卷，在網路上讓人評估自己對生活各方面的滿意度、幸運感，以及各種社交、溝通和心態的問題，想藉此知道究竟哪些心理因素，跟一個人的幸運感有最強的關聯？很幸運的，我獲得了將近8000個有效回覆，統計之後發現：

與幸運分數最高關聯的心理因素
1.　自我效能感（r=.759, p<.001）
2.　樂觀態度（r=.723, p<.001）
3.　轉念的能力（r=.677, p<.001）

與總生活滿意度最高關聯的心理因素
1.　自我效能感（r=.508, p<.001）
2.　感覺人生有意義（r=.503, p<.001）
3.　心情能放鬆（r=.472, p<.001）

　　坦白說，我很驚訝。我覺得「自我效能感」一定與幸運感有關聯，但沒想到關聯那麼強，比「樂觀」、「轉念」還重要，而且與生活滿意度的關聯也是第一名，這表示自我效能感愈高的人，愈是

對自己生活滿意！

　　這個研究結果讓我改變了原本的新書大綱，特別加入了這個章節。顯然，我們必須重視自我效能感，因為SE本來就與persistence有高度關聯，我認為SE就是「聰明的persistence」；「自我效能感」可以說是「毅力之母」！

自我效能感可以鍛鍊

　　我們要如何鍛鍊自己的Self Efficacy呢？又該如何思考SE跟運氣的關係呢？我用一個圖來解說[6]：

　　右圖中的兩個框框都是SE的要件，缺一不可。有些人很有能力，但信心不足，遇見機會就會膽怯而無法勝任。有些人自我感覺良好，但能力不夠，即使抓到了機會也會站不穩，遲早露出馬腳。所謂的「SE黃金地帶」，就是能力和信心都兼具，這時最有把握善用良機。

　　SE的第三個元素，則是下面的小人。這個小人象徵自我

動力（agency），因為一個人有能力，也有信心，但缺乏動力，就什麼也免談了。而動力來自何處？對於不少人來說，動力來自壓力（身有負債，要養家，不得不拼命啊），但比較能夠促進SE的動力，應該來自於內心，因為你自己很想克服挑戰，把事情做到好。

當幸運機會迎面飛來時，
你必須自己動起來，把能力和信心的重疊處放大，
才能捕捉到好運。

在理想的環境中，這三個元素應該是相輔相成的，因為自己的動力，練出一身好功夫，進而增加信心，給自己更多動力……，但人生很少這麼理想。成長過程中，我們所遭受的打擊、他人的唱衰、被厄運莫名掃到，這些種種的經驗都可能磨損我們的信心，加上生活壓力讓我們喪失原本的熱忱，使人更加怯步，能力跟著萎縮，造成負面循環！這時怎麼辦？我們有辦法undo the damage，把原本該有的SE修復，再次補網獲運嗎？

可以！接下來就讓我們分別檢視三個元素吧！

增加信心的要訣：追求「小贏」

如果你每次打噴嚏就會開始下雨，你就會相信打噴嚏跟下雨有絕對的關係。我們的信心都是建立在之前的經驗上，反覆嘗試而每次獲得同樣的經驗，就足以構成一個非常牢固的信念。

因此，如果你要改變自己面對挑戰的自信，就要重複給自己設定一些目標，並享受每次達成目標的正面效果。要訣是：不要一開始把目標設得太高，反而要設得比較低，讓自己稍微多努力一點就能夠達成。

舉例來說，我之前買了一只 Nike Fuelband。那是一個科技手環，整天戴著，能偵測你走了幾步路，推測消耗了多少卡路里，並把這些數據轉換成一種叫Fuelpoints的點數，還能結合手機App做長期紀錄和分析。剛戴了不到兩天，我的Fuelband App就推來一個訊息：恭喜你已經累積到5000個Fuelpoints！螢幕上還跑出一個又唱又跳、到處撒花的小人，恭喜我這個了不起的成就。再過幾天，小人又跳出來撒花：「恭喜你！累積一萬點了！無敵啊！！」

其實，只要不是整天躺著，一般正常生活就能很快累積10000點了，實在沒什麼了不起。但看到螢幕上的「獎杯櫃」裡面很快有了第一張、第二張錦旗，還是會很開心。

但接下來的關卡，不是15000，而是在25000點。再來，

50000點……，間距愈來愈大。但這時，我有了一開始的小勝利，也比較願意為了追求下一個目標多走一些路了。某天我到了50萬大關，這時才發現自己已經在為運動而運動，不太在意點數了。

這個系統的高明之處，在於先設立了一些簡易的關卡，讓你輕鬆達到，嘗到甜頭，再逐步把目標拉高。這麼一來，連平常很少動的人也會因為獲得了一些小勝利，而更想多動一點。

「小贏」甚至一開始可以免費贈送！例如，有一家洗車店發送集點卡給客人們：第一組客人累積八點，就能免費洗車一次。第二組客人要累積十點，但拿到集點卡時，店家就先「贈送」了兩點。換句話說，兩組客人都需要再累積八點，實際上沒有差別，但後來的結果卻大大不同：幾個月後，第一組客人有19%獲得了免費洗車服務，但第二組客人則有34%，而且比第一組客人還更快累積到目標。結論？先送兩點讓人覺得「賺到了」，也會更令人想要達到目標。[7]

tips

如果你想要嘗試某件事情，希望快點建立自己的信心，就要一開始把目標設得低一點，讓自己很快贏得一些小勝利，讓小贏的快感增加自己的信心，再逐漸把目標拉高。

加強能力的要訣：不斷檢視反饋

從普林斯頓大學剛畢業時，提摩西‧費里斯（Timothy Ferriss）雖然有個高學歷，卻沒有什麼生活目標。他在一家電腦公司做業務，薪水不高，生活無味。於是他自己開始在網上販售健身維他命，運用當時剛開始盛行的社群網路行銷工具，一邊做，一邊摸索。

六年之後，他不但賺了大錢，還把他的經驗寫成了暢銷書。不僅這樣，在這段期間，提摩西‧費里斯從一隻不會游泳的旱鴨子，成為有職業水準的游泳健將。他也從自稱手腳不協調，幾個月後卻在阿根廷的探戈大賽中得獎，勝過一群老手。他是怎麼辦到的？

他自己在書裡寫，祕訣很簡單：
1.　看人家怎麼做，細心觀察。（Observe）
2.　把事情拆解成小塊或是個別的步驟。（Deconstruct）
3.　選擇最重要的步驟練習，並嘗試重新組成新的步驟。（Sequence）
4.　盡量把步驟簡化，並不停觀察哪裡不對，哪裡可以進步。（Test）
5.　不斷重複，直到技巧完全內化。（Repeat）

其實，這個「加速學習法」就跟「科學方法」很像：觀察、拆解、測試、調整，其中最關鍵的就是最後一步，因為如果沒有測試

後的反饋和修正，就無法進步改善。

　　這也是為什麼舞蹈教室需要鏡子，廚師需要不斷地嘗湯頭一樣。即時、持續的Feedback能讓人更快速做調整，也更快速看到效果，讓學習效能加倍。

分解成小動作，反覆練習

　　生理回饋（Biofeedback）是現在腦神經研究正夯的項目。透過心跳、腦波、甚至fMRI圖像的即時反饋，人能立刻看到身體的變化，而因為能即時觀察，就能逐漸學會如何控制。用這種方式訓練，一般人也能用意志力改變自己的腦波，控制心跳速度、血壓，甚至抑制疼痛。以前只有高僧才有的功力，未來可能會普及大眾[8]！所以，要快速增加自己的能力，就要運用加速學習法：

**把複雜的順序分解成可以個別練習的小動作，
不斷做嘗試和調整，
並記錄下來，反饋之後再修正。**

　　如果你想把英文說得字正腔圓，就拿個錄音筆，先錄一段美

國新聞主播報新聞，再跟著他說同一段話，立刻播放給自己聽，反覆練習。如果你想跳舞更好看，就把自己的舞步拍下來，放出來看，再持續調整。

當你看到自己進步，並在反饋中觀察到能力的改變，信心也會自然提升。

增加動力的要訣：
把「我得」變成「我要」！

回想你最忙碌的一週：有個大case即將結案，也許是期末考，或因為衝業績而需要拜訪很多客戶……光是想像明天要做的事，就可能讓你晚上睡不著。早上起床時，你心中是什麼感覺？

現在，想像你即將出國渡長假，隔天就要出發。你在床上看著旅遊指南，計劃著行程，研究要去逛什麼風景勝地、到哪裡shopping、吃什麼名產……，這時你可能也會很難入睡，但心中的感覺應該完全不同吧！

一般人出國旅行時，都會比平常走更多路、認識更多人、應付更多新環境，一天的行程可能安排的比上班還滿，但還是樂在其中，這是因為一個是非得做的，一個是自己選擇的。

這也是為什麼很多人把興趣轉為職業之後，就突然沒了興趣。因為當我們覺得「非得做不可」的時候，即便原本是開心的事

情，動力也會大減。

　　這時，就要不斷提醒自己：

「這是我要做的，不是我得做的！」

Try this 2

　　每天睡覺前，先列出明天要做的幾個主要事項，但在寫下它們時，都在前面加上「我想要」（I want）兩個字，例如：

我想要上網為報告做研究。
我想要打電話給三個客戶。
我想要處理好書桌上的信件。

　　寫完之後再念一遍，要念出整句喔！透過寫、念的過程，能讓理性思考和感性潛意識同步運行，並說服自己：「這是我想要做，自己選擇要做的事」。持續這麼做，隔了一段時間，你應該會覺得自己比較主動，也可能比較樂觀。

健身房一年最忙碌的時候就是一月，為什麼？因為許多人跨年時許下減肥的願望，隔天就去健身房報到。一開始動力很強：「耶！我要練出線條！我要更健美！」但某天可能加班太忙，精神不好，這時心聲就轉為：「啊？現在還要花時間去健身房？改天再去吧！」這麼一、兩次，原本的「我要」變成「我得」，就更不想動了。人的本性就是遠離壓力，並給自己找藉口，所以到了三、四月，原本擠爆了的健身房就又恢復寬鬆的常態。

有些人把以上的現象解讀為「人生不要執著於目標」，但我覺得這只對了一半。重點應該是：不要讓「目標」主導你的生活。

你自己主導自己的生活，
而你每天的選擇正逐漸讓自己靠近目標。

我能、我信、我要

面對新的挑戰和目標都是一件令人興奮又緊張的事。緊張不是壞事，但我們必須避免讓內心的恐懼毀滅我們原本該有的「自我效能感」。SE的效果很強，但每個人在不同領域下的SE都不同。有些時候我們可能要補強能力，有時候要打個強心針，有時

候要給自己加個油。如果你三管齊下，就更容易造成正向循環，讓動力、能力和信心互相幫助。

而當你的SE增加時，你的「捕運網」也會隨之展開。這時遇見機會就能積極爭取，遇見挑戰也能克服，碰上挫折也更容易展現毅力、鍥而不捨。

據說，提摩西・費里斯的第一本著作連續被拒絕了25次之後，才終於找到一間願意合作的出版社。簽約後，提摩西・費里斯問他們：「我很好奇，你們為什麼願意出版我的書？」編輯回答：「坦白說，我們對你的書沒多大的信心，但我們願意賭一把在『你』本人，因為我們覺得，一個被拒絕了25次還繼續投稿的作者，一定會盡一切努力讓作品成功。」[9]

這本書《一週工作4小時：擺脫朝九晚五的窮忙生活，晉升「新富族」》（*The 4-Hour Workweek*）一出版便飛上排行榜，在《紐約時報》、《華爾街日報》、美國《商業週刊》都衝到首位，而且在榜上一待就超過四年，創造了出版界的奇蹟。

提摩西・費里斯的成功故事，很像我父親當年的遭遇。兩人都很幸運，因為他們都「鍥而不捨」，而現在，我們也知道那「不捨」背後的祕訣了。

注釋：

1.As quoted in *The Click Moment: Seizing Opportunity in an Unpredictable World*, by Frans Johansson。

2.Richard Wiseman, *The Luck Factor*, paragraph 2.762。

3.Ibid, paragraph 2.781。

4.原文為 The belief in one's capabilities to organize and execute the courses of action required to manage prospective situations。

5.選自 General Self Efficacy Scale 的中文版本：Zhang, J. X., & Schwarzer, R.（1995）. Measuring optimistic self-beliefs: A Chinese adaptation of the General Self-Efficacy Scale. Psychologia, 38（3）, 174-181。

6.這是我個人的構圖，併入個人動力（agency），與班杜拉博士對 SE 的學術定義有點不同。

7.J.C. Nunes and X. Dreze（2006），"The Endowed Progress Effect: How Artificial Advancement Increases Effort," Journal of Consumer Research, 32, 504-512。

8.這裡有一個很棒的 TED Talk，講到如何用 fMRI 的立即 feedback 來幫助訓練腦部反應：http://www.ted.com/talks/christopher_decharms_scans_the_brain_in_real_time。

9.http://blogs.hbr.org/2011/03/power-comes-to-those-willing-t/。

THE
POWER
OF
GRATITUDE

習慣三：撰寫感恩筆記

懂得感恩的幸運人，也能讓別人更幸運。如果你相信因果論，給別人的幸運遲早會回到你的身邊，因為你推動了一個正面漣漪。當感恩化為行動，即便微小，也可能滾動成幸運的奇蹟！

感恩的心也是偉大的心，能招來偉大的事情。

A grateful mind is a great mind which eventually attracts to itself great things.

——柏拉圖（Plato）

如果你只能閱讀這本書的一個章節，我會建議你讀這篇，不是因為它會讓你最幸運，而是它會讓你最幸福。

在我撰寫這本書的過程中，做完了所有的研究和練習，我發現最容易學、最快見效、也最能提升正能量的心理技巧，就是「培養感恩的心」。

眾多學術研究證實，懂得感恩的人：

- 更樂觀
- 更有精神
- 有更多朋友
- 有更良好的感情生活
- 更能面對挫折
- 對生活有更大的掌握
- 睡得更好
- 運動更多
- 抵抗力更好
- 賺更多錢[1]

tips

而培養感恩的心態能夠

- 改善憂鬱
- 降低物慾
- 增加生活滿足感
- 對抗上癮
- 降低「受害者」心態

這簡直是仙丹嘛！古羅馬哲學家西塞羅（Cicero）就寫道：「『感恩』不但是最偉大的美德，也是所有美德之母。」許多宗教呼籲人們要感恩惜福，而這個自古以來的智慧，如今也是正向心理學的核心之一。

感恩讓人看見美好

我們知道感恩的人比較正向，而正向的人比較容易感到幸運，但人們是因為感恩而幸運，還是因為幸運而感恩呢？這是一種「正強化」的雙向關係。舉例來說，在一個研究中，當店員親自打電話感謝顧客時，那些接到電話的客人下一次到店裡的消費金額提高了七成，而沒有接到電話的客人則沒有提升。[2]另一個研究發現，當餐廳服務生在帳單上手寫「Thank You!」的時候，客人會留下更多小費。[3]我們可以說，感謝的效果像是稱讚，被感謝的人獲得了好感，也因此更願意幫助感謝他的人；服務生拿到更多小費，自己更開心，也更加感謝，形成正面循環。

自己對自己的感恩也能造成正面循環。作家詹姆斯（Geoffrey James）曾說：「一輩子成功的關鍵，就是要經常感恩……，因為感恩的人永遠會注意到生命中的好事；因為他們更享受自己的成果，所以更積極追求成功；而事情不順的時候，感恩的人也比較懂得以平常心看待挫折。」[4]

　　既然好處那麼多，我們要如何培養這種心態呢？被譽為「正向心理學教主」的馬汀‧塞利格曼（Martin Seligman）教授測試了各種不同感恩的方式，發現最有效的行為，就是給一個人寫一封感謝的信，並當面交給對方。這麼做的人快樂指數提升了10%，憂鬱指數也大幅下降，效果持續一個月之久！後來他發現，還有一個更簡單、效果更持久的技巧：感恩筆記本。

Try this 3

　　今天找個安靜的地方，用幾分鐘的時間，在一張紙上列出10件讓你覺得感謝的人、事、物。記錄時盡可能寫下感謝的事情與自己的關係，例如：「我感謝今天出太陽。」但可以這麼寫會更好：「我感謝今天太陽照射在皮膚上暖暖的，好舒服的感覺。」

　　愈具體的感謝愈好，例如：「感謝我的貓。」

　　但更好的寫法是：「感謝我的貓咪過來撒嬌的時候。」

　　「沒有」也可以是一種感謝：「感謝我沒有生病。」但盡可能用正面文字來寫：「感謝我最近身體都很健康。」

　　如果你一下子很難想到10樣值得感謝的人、事、物，可以試試看這麼分類：1、2項身體和健康相關的感謝；3、4項飲食和居住方面的感謝；5、6項家人或親友方面的感謝；7、8項學業或事業方面的感謝；9、10項最近發生事情的感謝。

　　寫10項或許有點多，但一開始需要多一點力氣來啟動。之後，每天只要寫下3件就好，而且不需要與別人分享，只要自己找個筆記本寫下來，讓它成為你的「感恩日記」。根據馬汀‧塞利格曼博士的研究，持續做這個練習一個星期後，幾乎所有人都會感到更快樂，而且只要一直做，效果就會一直維持，半年後還能持續改善心情！據說最初做這個研究時，許多人在研究結束之後還繼續寫感恩日記，因為他們覺得效果實在太好了，便自動養成了習慣！ [5]

　　在我所有讀過的心理自助技巧中，實在沒有比這更容易做、效果更好的方法了！但「感恩筆記」也有一個需要注意的重點。讓我們來看看你剛才寫的清單，評估每一個感恩事項。如果你覺得某件事情因為欠了人情或其他因素，可能需要「還情」的（例如，朋友借了你一筆錢，但某天還是要還），請在旁邊打個勾。不需要還，或根本無法還的感恩，就不需要打勾。這所測試的是你的「感恩負債心態」。

感恩與欠恩

近年來的研究，發現「感恩」有兩種：Gratitude（感恩），就是當你獲得了好處，由衷感激對方的心情。Indebtedness，則是當你獲得了好處，感謝但也覺得你欠了人家的感覺。因為中文沒有直接的對照名詞，請容我自創一個：「欠恩」。這是兩種截然不同的心態，也會造成不同的反應。

多注意身邊無價的美好

由衷發自於內心的感恩，會讓人覺得與對方更貼近，是一種幸福感，但「欠恩」會連帶「為難」，造成心理壓力。因為任何壓力都屬於負面情緒，欠恩的感覺過多，可能會抵消原本的好感，甚至會使我們想躲避對方。

研究顯示，當人收到遠超過他們預期的大禮時，會覺得不好意思，而這時若送禮者還暗示「你欠我」的話，原本的感恩心態則會轉為「欠恩」，彼此的好感反而會減少。[6] 即使禮不大，只要送禮的人有所暗示，這個「禮」就成了「債」，而欠債的人很難喜歡債主啊！由此可知，送禮時要特別小心，要送就不要計較，也絕對不要暗示對方要回禮。

有人說：「最難還的債，就是人情！」華人愛送禮，也講究人

情,「人情」又是最難定價的禮。送禮和人情也時常被有手腕的人用來挾持關係,而可惜的是,許多人因為常年生活在這種潛規則之下,已經很難感受到什麼是真正的誠意了。每當他們獲得好處,嘴巴在道謝的同時,心裡卻忍不住猜測對方的目的。男人比女人更容易有這種心態,因為他們深信「在江湖打混,欠的終究要還」,但也因此容易過於世故,不願求助於人,而誤會了一些真心誠意的善緣。[7]

所以,如果你發現自己的清單有一半以上都打了勾的話,就要注意自己是否因為「欠恩」的心態,而降低了「感恩」該帶來的幸福。你可以練習讓自己注意身邊一些無價的美好,例如風和日麗的天氣、壯觀的自然美景、飽餐一頓的滿足⋯⋯,或是村上春樹所說的「小確幸」:「像是耐著性子激烈運動後,來杯冰涼啤酒的感覺。」[8]忙碌之後的空閒,也是值得享受、感恩的。若你還是因為欠恩感到內疚,乾脆在清單的每一個打勾項目旁,註記一個償還計畫,並請留意「自我效能感」的原則:

**避免用「我得」或「我必須」,
而多使用「我想要」、「我選擇」的字眼。**

　　假設你實在覺得自己有所虧欠又無法報恩，因為找不到恩主，或錯過了時機的話，就來杯義式咖啡吧！什麼意思？請看下面的故事。

下一杯算我的！

　　義大利人很愛喝咖啡，一天可以喝好幾杯。據說以前在拿坡里，有一名工人買了杯咖啡，卻付了兩杯的錢。老闆問他為什麼，他說：「今天我走運，手上多了一點閒錢，我想把好運分享給別人，所以多付一杯，請先幫我留著，並送給想喝咖啡卻沒錢的客人。」後來，這成為了當地的傳統，客人經常會買兩杯咖啡，把一杯「寄放」給窮人，只要有人前來詢問，老闆便會說：「是，有人已經付過錢了！我現在為您烹煮好嗎？」

　　多麼有人情味啊！當然老闆可以把錢私吞，但這是一種互助的感覺。送咖啡的人與喝到下一杯咖啡的人可能從來不會見面，但彼此傳遞了溫暖。這傳統後來廣為流傳，現在每年到了聖誕節，歐美國家許多咖啡店都會舉辦「下一杯咖啡caffè sospeso」的活動。

把好運「往前送」

這個故事的顯示：當你感恩，但不知如何償還的時候，就還給下一個人吧！英文稱之為 paying it forward，也就是把好運「往前送」。匿名捐款也是這種精神──受益者不知道是誰，但會懷恩在心。某一天，他們說不定也能匿名捐款給別人。

懂得感恩的幸運人，也能讓別人更幸運。如果你相信因果論，給別人的幸運也遲早會回到你的身邊，因為你推動了一個正面漣漪。現在有許多小額募款網站，例如 kiva.org、giveforward.com 等，不需要基金會立案，不靠企業家贊助，也不用華麗慈善晚會，讓一般老百姓也能幫助想幫助的人，甚至直接改變他們的生命，例如哈瑞斯（Billy Ray Harris）。

兩年前，哈瑞斯是一名流浪漢，在美國堪薩斯城的街上行乞。有一天，一位小姐投了些零錢在他的杯子裡，但她的鑽石訂婚戒指也跟著掉進去了。當哈瑞斯發現時，那位小姐早已經不知去向。

「那顆石頭實在夠大，值很多錢！」他說：「但感謝上帝，我窮歸窮，起碼還有點骨氣，不會把它賣給當鋪！」於是他每天在同一個地方守候，直到那位小姐再出現時，把戒指交還給她。

小姐非常感恩，立刻告訴一位記者。記者前來採訪，上了地方報紙，剛好被更大的報社編輯看到，接二連三地，這則新聞上

了全國媒體，連SNG車都來了，哈瑞斯一下子成了名人。

但他連做夢也無法想像的是，這位小姐和她先生在募款網站上設立了一個「捐款幫助好心的Billy Ray Harris」專案，想為他募到一點外快，結果消息一發，當募款截止時，最後的金額是……19萬美金！

如今，哈瑞斯有車，有工作，還付了頭款買房，終於結束了流浪漢的生涯。不僅這樣，因為媒體的報導，他還與失聯了16年的親人重逢了。「不好的日子已經過去，」他說：「感謝主，我又像是一個人了！」[9]

你說，誰比較幸運？那位失而復得的小姐，還是那位有骨氣的流浪漢？

**當感恩化為行動，即便微小，
也可能滾動成幸運的奇蹟！**

注釋：

1.相關的學術研究相當多，不便一一列舉，請參考以下三篇概括介紹：

http://en.wikipedia.org/wiki/Gratitude；

http://www.health.harvard.edu/healthbeat/giving-thanks-can-make-you-happier；

http://online.wsj.com/news/articles/SB10001424052748704243904575630541486290052。

2.Carey, J. R., Clicque, S. H., Leighton, B. A., & Milton, F.（1976）. A test of positive reinforcement of customers. Journal of Marketing, 40, 98-100。

3.顯然，這是美國的研究，因為在美國餐廳給小費是常理。Rind, B., & Bordia, P.（1995）. Effect of server's "Thank you" and personalization on restaurant tipping. Journal of Applied Social Psychology, 25, 745-751。

4.詹姆斯曾被《富比世》雜誌封為「頂尖的社群行銷達人」：http://www.inc.com/geoffrey-james/gratitude-true-secret-to-success.html。

5.Seligman, M.; Steen, T.A.; Park, N. and Peterson, C.（2005）. "Positive psychology progress: Empirical validation of interventions," American Psychologist, 60:410-421。

6.Watkins, P., Scheer, J., Ovnicek, M., & Kolts, R.（2006）. The debt of gratitude: Dissociating gratitude and indebtedness. Cognition & Emotion, 20（2）, 217-241。

7.http://www.huffingtonpost.com/heidi-grant-halvorson-phd/grateful-indebted-relationships_b_983467.html。

8.「小確幸」源自 村上春樹 與 安西水丸 合著的《尋找漩渦貓的方法》。

9.Billy Ray Harris 的故事在這裡：http://www.today.com/news/homeless-man-who-returned-ring-living-new-life-i-feel-8C11044196。

part 2

TUNE UP!

調頻

　　阿波羅‧羅賓斯（Apollo Robbins）是世界上最厲害的扒手，厲害到你明明知道他是扒手，但還是會被他扒到。他還曾經從隨扈人員身上扒走美國總統的行程表和汽車鑰匙！好在他把自己的專長發揮正派用途；他後來成立了一家顧問公司，教警察和保全人員如何預防詐騙和盜竊的招數，還發表過相關的學術論文。

　　在TED.com的演講中，他挑選了一位觀眾上台做示範，在幾百位觀眾面前把那位無辜的觀眾「洗」的一乾二淨。除了手腳超快，他的功力也來自於20多年對感官錯覺和心理的研究。他簡單比喻：我們的腦袋裡，彷彿坐了一個警衛，警衛室有監視器（眼睛）、監聽器（耳朵）、觸覺偵測器（皮膚），都很靈敏先進，但這時，如果有人突然問警衛：「嘿，你剛才看到了什麼？今天出門時有帶手錶嗎？你皮夾裡有信用卡嗎？」這時警衛就會去查看資料，好比將記憶「倒帶」，而有趣的是：警衛不能一邊倒帶，一邊注意那些監視器。

　　阿波羅‧羅賓斯的技巧，就是用一些對話的技巧，使對方腦袋裡的警衛不斷要倒帶，並趁著感官儀器暫時離線的分秒之間，從對方身上拿到他要的東西。聽起來很神奇吧！你一定要看看這段影片，而且到最後還會有個驚喜！我看了好幾次，到現在還搞不清楚他是怎麼辦到的！

掃描 QR CODE 就有影片可看囉！
或是可連至 www.getlucky.com.tw/book/apollo-robbins-ted

掃描QR CODE就有影片可看囉！
或是可連至 www.getlucky.com.tw/book/gorilla

　　「注意力」是個相當有限的腦力資源。當我們專心在一件事情上的時候，就必然會忽略一些其他事情，即便就在眼前。請看以下這段影片，它是實驗心理學非常著名的研究。影片中，你會看到兩組人在打籃球。你的任務，就是記住穿白色衣服的球員一共傳球幾次。先看看再回來吧，這樣比較好玩！

　　Welcome back。請問，你有「答對」嗎？實驗結果顯示，大部分的人第一次都會上當，尤其如果之前對這個研究完全不知情。這種現象有個名稱：Inattentional Blindness，大致翻譯為「專注範圍外的盲點」，也就是說：

　　當我們專注於一件事的時候，就很容易錯過其他細節，尤其如果那些細節在一般的意料之外。

　　重點是：幸運、偶然的機會，那些所謂的Lucky Breaks，時常就出現在意料之外。如果我們過於專注，即使幸運之神穿著黑猩猩裝在面前跳來跳去，我們搞不好也看不到他。

　　誰知道有多少機會曾經擦身而過，只因為我們沒注意到呢？

　　我們不僅在專注數籃球時有盲點，專心想事情時也會有盲點，尤其當思緒接近腦力負荷（cognitive load）上限的時候。《快思慢想》作者康納曼（Dr. Daniel Kahneman）說道：「我們能一次做兩件事，但那兩件事都不能太難。」他舉個例子：在大晴天、寬敞道路上開車時，我們能邊開車邊聊天，但若是要在擁擠的道路上轉彎，一邊

要做心算，就會非常困難（作者叮囑：千萬別這麼嘗試！）就像當駕駛要越線超車時，也暫時不會講話，因為較複雜的動作需要更專心。

當我們在深度思考的時候，占用的腦力資源愈多，專注的盲點就愈大，對環境的種種細節也可能視而不見。反觀我們的現代生活，環境充滿了雜訊、眾多媒體搶著要我們的注意力，煩惱填滿了我們的思緒。手機可能讓我們立即獲得明星八卦，卻也可能使我們錯過了身邊的貴人。

也之所以，正念訓練在近年來隨同瑜伽、靜坐，成為了都會人士的熱門活動，設法讓過度緊繃的人放鬆一點，找回自己的聲音。

但我認為，如果你要讓自己更幸運，鍛鍊正念只是準備動作；你還需要設定大腦的自動過濾程式，讓它在背景幫你搜尋篩選。這就是「調頻」的概念。

以前念高中時，我喜歡在曼哈頓的街上漫步，頭上掛著我最愛的Sony隨身聽。那個年代的隨身聽除了能放卡帶，還有FM/AM收音功能（現在實在像個老古董了！）。我一邊走路，一邊手轉著調頻鈕，讓不同電台躍入耳中。光是憑音樂類型，我就能猜出是哪個電台：FM100.3——Z100有流行音樂和特別聒噪的主持人，往下轉一點，短短一陣雜音之後，就能聽到97.1「Hot 97」拉丁風味的熱門舞曲；往上轉一些，則會出現WQXR 105.9的優雅古典樂和歌劇。

那實在是個很有趣的體驗，因為我發現只要耳朵裡的音樂改變，眼前的城市景象也會看起來不同。流行歌曲會讓城市看起來特別鮮豔；嘻哈則會讓一切的速度稍微放慢；聽到拉丁樂，會讓我特別容易看到街上的拉丁美洲裔人，而聽到古典樂，不曉得為什麼，會讓我特別容易看到老人和小孩。

這當然只是我的個人感觀，每個人的反應都會不同，但若你有機會，不妨也試試看──那效果立即又明顯，感覺挺奇妙的。

我們的大腦就像是個收音機，思路就是調頻器。當頻率改變，我們對環境的察覺也會跟著改變；當頻率調對了、雜訊被過濾了，種種微渺的細節也會浮現。它們很可能就是幸運的線索。

在「調頻」這個階段，我們將從正念法、個人效率訓練、資訊管理和創意相關的理論，來探討如何讓自己更容易獲得突破性的幸運靈感，察覺並捕捉你自己的Lucky Breaks！

habit 4

BE
MINDFUL
NOT
MIND FULL

習慣四：以正念回到當下

勇敢地把沙子倒出來吧！愈多愈好！你的袋子愈空，心理就
愈健康、愈開朗，也愈有空間察覺捕獲幸運的機會。

你的心裝的是正念？還是雜念？

Mindfulness 一般翻譯為「正念」，但與「正向」不同。這個概念源自於印度佛教的 Sati，意思是：「關注於當下，而不是讓自己活在過去或未來」[1]。關注於當下需要開放的態度，不對事情有先入為主的成見。當人能夠開放、自在地接收所有當下的感觀和感受時，五感會變得更敏銳，直覺也會變得更強。韋斯曼博士的研究，發現幸運的人有較高的直覺感，也有較高的觀察力。於是，若要加強自己的運氣，正念訓練會是個不錯的方法。

自古以來，從菩提樹下的高僧到實驗室裡的學者，都建議「靜坐」為最直接的正念訓練方式。靜坐不但能放鬆心情、降低血壓、改善焦慮和疲勞、增加專注力、加強抵抗力，甚至能增加腦神經細胞之間的連線（axonal density）[2] 和神經傳輸的保護膜層（myelin）[3]。換句話說，靜坐能實際改造你的大腦！

問題是，靜坐好像很簡單（不就是坐在那兒嗎？），但許多人就是坐不住。老實說，我就是這種人。剛開始練習時，即使五分鐘都覺得好久，腦筋胡思亂想，根本靜不下來。好不容易平緩了呼吸，又開始想到還沒回的電話、還沒處理的雜事……，忍不住瞄一下錶，心想：「怎麼還有三分半啊！？」

這顯然是我的弱點，但我懷疑不少人也有一樣的問題。我們想要變得更 mindful，但自己的 mind 實在太 full 了！當腦袋太滿，

光靠意志力排空雜念實在很辛苦，靜坐完反而更累。

　　怎麼辦呢？後來我找到一個不錯的方法：「腦部清倉」。

Try this 4

　　拿一張空白紙，在三分鐘之內，快速寫下所有你心裡正在想的事情。它可能是今天的 To Dos、未來的大小計畫、需要聯絡的名單、閃過腦海的靈感。為何要限制三分鐘，就是為了逼自己不要思考，只要寫下來就好。而且，請遵守幾個原則：1.不要寫一整句話，一、兩個關鍵字就夠，簡單做個記號也行。2.它不是清單，所以不需要條列、不用排序，也不需要分類。我個人覺得，從白紙的中間開始往外寫最好，寫完會看起來有點像個「關鍵字雲」。3.寫的時候，絕不要回頭看，字跡潦草沒關係，重點不在於紀錄，而是寫下來的「行為」。寫完了，也暫時不要看。

　　被全球千萬個企業人士奉為「最有效的自我產能管理方式」的大衛‧艾倫（David Allen），他的「Getting Things Done（GTD）」系統，就是用「腦部清倉」為一切的開始。大衛‧艾倫把這個過程比喻為「清空你的心靈快取記憶體」。他說，每一件未完成的事情都是個懸念，占用了大腦的工作記憶，就好比電腦的RAM快取記

憶體一樣。RAM效率高，但容量遠不如長期記憶的「硬碟」，而當RAM塞得太滿時，人腦就跟電腦一樣，速度會變慢、程式會卡住，容易當機。於是，在他的GTD訓練中，第一件事就是叫那些忙碌的企業主管做個徹底的腦部清倉，無論什麼雞毛蒜皮小事，只要懸在腦袋裡的，全寫下來再說。光是做到這一點，他發現「每個人都會感受到不可思議的舒暢快活，沒有例外！」[4]

以我個人的經驗，當自己感覺心煩氣躁，卻又不知道為什麼的時候，「腦部清倉」不但能快速減輕煩惱，還能幫我釐清一些雜念思緒。清倉完了，自然也就比較能靜下來，甚至還會有點想睡覺。所以，在靜坐之前，不妨先花幾分鐘清倉吧！不需要計劃、判斷或思考，先快快地清、爽爽地清，清完了把紙先放一邊，深一呼一吸。然後，閉上眼睛，好好享受這短暫的平靜，並設法記住這種感覺。這時，你已經朝mindful的神聖境界邁進一大步了。

破除正念訓練的迷思

好，腦袋暫時清空、心裡比較舒坦，我們就可以進行一些正念訓練了。首先，我要破除正念訓練的幾個迷思：

1.　它不是「放空」：要人什麼都不想，幾乎是不可能的。其實愈叫人不要想什麼，人愈是會想它。

2. 它也不是「很用力去想」：雖然要專注，但正念不是鑽牛角尖，還是要維持放鬆的狀態。

3. 它也不是「什麼都慢──慢──來──」：放鬆不一定要放慢，如同日本「劍道」（kendo），兩人看似靜如臥虎，出劍則動如脫兔。劍道訓練正念，是為了讓反應變得更迅速。當腦袋裡的雜訊被消音了，清澈的思緒能讓人更敏捷果斷。

正念訓練技巧有上百種，雖說條條道路通羅馬，但光是選擇哪一條，就可能讓人難以起步了。從幸運的角度看待練習正念的目的，是為了提升對環境的敏感度，並從中發現有益的靈感和機會。

tips

訓練三步驟

1. 減少不必要的腦力負擔。
2. 設定大方向目標並鍛鍊連結性思考。
3. 提升觀察力。

「腦部清倉」練習，就是為了「減少不必要的腦力負擔」的目標，而接下來要做的練習，就是為「設定大方向目標，並鍛鍊連結性思考和提升觀察力」鋪路。

當個「正念水電工」，練習「接地」

心理學有個觀念叫「接地」（grounding，有時也稱為 centering）。就像水電工為了防止漏電，會在插座接「地線」一樣。「接地」就是讓自己的意識回到當下，把平時天馬行空的思緒拉回地球上。

以前的電報機會接上地線，讓電訊傳得更遠，現代的射電望遠鏡（radio telescope）也需要接地來減少電波雜訊。若你想像自己是個天線，為了接收幸運的訊號，也就需要讓自己的心靈能夠「接地」，在浮躁情緒中找到穩定點。

在此，我提出三個簡單的接地技巧。它們能幫助你放鬆，而且你的地線接得愈穩，心情就會愈平靜。三種練習都不難，也不需要很多時間，但就像運動一樣，必須持之以恆，才能累積真正的好效果。

一、在音樂裡找到寧靜的空間：
找到自己的「接地歌曲」

最近某夜，我一邊在寫email，一邊聽著英國搖滾樂團酷玩（Coldplay）的專輯「鬼故事（Ghost Stories）」。我很喜歡專輯最後一首曲子「O」，惆悵而優美，即使在背景輕輕播放著，也讓房間裡瀰漫著沈思的厚度。我很專心工作，所以曲子結束了也沒理，房

100

間裡只剩自己打字的聲音。

但隔了一段時間,一陣飄渺的吉他和弦又緩緩升起。我驚訝地查看iTunes,才發現原來曲子還沒結束;酷玩樂團在最後一段副歌出現之前,刻意留下三分鐘的無聲。

真是神來一筆,因為副歌與之前的旋律呼應,讓中間的無聲也有了意義。

在錄音技術問世前,音樂是難得的享受,但如今無論在逛街、吃飯、等看病、搭電梯,隨時都有音樂陪伴著我們,一般人甚至根本不去理會。想想,每一首曲子其實都是某人的創意結晶,但當音樂已經成為背景雜音,就失去了對心靈的感染力。

而現在的播放軟體能設定「不中斷模式」,也成為了許多人聽音樂的習慣;當曲子一首接著一首,心情是沒什麼機會沈澱的。若在一首好歌結束後能給自己一點寧靜時間,讓曲子迴盪在腦海、在無聲中,其實能感受到微溫的後勁。有人形容得非常好:沉默的一段,是留給聆聽者和自己相遇。

Try this 5

掃描QR CODE
就有影片可看囉！

選擇一首你喜歡的曲子，當你的「quiet song」。那應該是一首你非常熟悉、聽了能讓你感到平靜的曲子。那種聽了會想哭，或是會讓你想起某人的歌曲比較不適合。雖然曲風不限，以自己的感覺為主，但原則上速度較慢、音色較柔的曲子比較能令人感到平靜。

找個安靜的地方，戴上耳機，閉上眼睛，好好地享受這首曲子的美感。不要走動，不要同時做別的事。忙碌的人生可以暫緩三分鐘。讓你的感覺隨著曲子的旋律飄浮，讓曲子的節奏跟你的心跳產生對拍，讓和音和音場裡所有細微的音色，在腦海中織成一片立體風景。

然後，這是重點：當曲子結束時，先不要起身，耳機不要拿下來，也不要讓電腦自動播放下一首歌曲。在椅子裡靜坐片刻，在無聲中繼續聆聽這首曲子，彷彿它剛才又再播放了一次。設法憑記憶把曲子的每個細節都喚出來。如果你覺得太難，沒有關係，輕鬆地想像，覺得夠了就可以停。

這是一種變向的靜坐方式。音樂能夠非常快速改變我們的心情，而一般無法靜坐的人，靠音樂就比較能進入狀況。如果你持續用同一首曲子練習幾天，這首曲子就會在你心中留下很深的感覺。之後，只要你需要快速靜下來，就在腦中喚起這首quiet song，也許默默哼起曲子的旋律，就能讓你很快找到接地般的平靜。

二、用深呼吸給自己一個 TIME OUT

面臨危險時，我們的心跳會加速、血壓會升高、呼吸也會變得急促，以便準備打鬥或逃跑，這是萬年進化而來的本能。現在，我們雖然不用擔心在馬路上被獅子突襲，但進辦公室可能被老闆突襲。當大腦感受到壓力時，會視同為危險狀態，長期下來對健康有很大的影響。

這時，就要深呼吸！一個非常簡單的動作，但太多人緊張時反而會忘了深呼吸。光是深呼吸幾下，就能讓你感到比較平靜。在靜坐練習中，呼吸是意識集中的目標。專心在呼吸的速度和律動，察覺其中的些微變化，就能幫助我們調整自己的狀態，所以它可以說是一種基本的「生物反饋」（biofeedback）練習。

一個完整的深呼吸，應該有兩秒在緩緩吸氣、一秒的靜止（也就是肺部充滿了氣，但不是刻意憋氣的狀態），然後兩秒緩緩吐氣。一般人都可以用這樣的速度開始練習，再逐漸拉長時間，用三秒吸氣、兩秒靜止、三秒吐氣等。

Try this 6

下次你發現自己在等待，無論是等著過馬路的幾十秒，或是開會前的十幾分鐘，以及在通勤路上的幾十分鐘，總之，在你習慣掏出手機之前，先停下來深呼吸三次，每次花兩秒吸氣，一秒靜止，兩秒吐氣，可以看看四周環境，但不要看螢幕，並且感受你的身體：有哪裡痠痛？哪裡緊繃？哪裡該放鬆了？就這麼三個呼吸，加起來不到 20 秒，但把這個小小的 time out 養成習慣，你可能會發現自己更容易放鬆，也較不容易焦慮！

據說越南有些寺院，會在一天當中隨機鳴鐘。當寺院的僧人們聽到鐘響，會立刻放下手邊的事情，靜處呼吸幾回合。我覺得這是個不錯的想法。給自己一個 time out，用深呼吸讓大腦充氧，應該能讓自己更容易專心。但如何隨機給自己「鳴鐘」呢？

其實，生活中有不少隨機的零碎時間，例如在路邊等公車、打客服專線等候時、在診所等掛號、排隊等著買票時，以前，這是個喘口氣的機會，但自從有了智慧型手機，只要有分秒之閒，手機則立刻出現。一分鐘，我們可以爬一篇文、打一局電動遊戲、回一封郵件……，看似很有效率，但實際上真是如此嗎？明明可以讓眼睛和腦袋休息的機會，我們現在反而更求刺激，難怪

我們也更容易累和沒耐心！

三、感受「腳踏實地」的感覺

　　腳部充滿了末梢神經，穴道連通經脈到五臟六腑，反應全身的健康狀態，但因為現代人整天都穿鞋，除非腳痛，不然很少會特別注意腳部的感覺。你走過「健康步道」嗎？我第一次大概走了十步就放棄，實在太痛了！若你從來沒走過，一定要試試看，保證你走得哀哀叫，而當下你除了想下一步要踏在哪裡之外，大概不會去思考任何其他的事，走完了也會比較有精神，畢竟叫「健康步道」不是沒有它的原因啊！

　　腦部是我們思考的中心，也是離地最遠的部位。現代人用腦過度，身體動得不夠，很容易感到「頭重腳輕」，但腳其實也反應了一個人的潛意識狀態。當人煩躁的時候，腳會快速抖動，興奮的時候會跳舞似的搖擺，不自在的時候，腳會下意識地指向「想逃跑」的路線。

**若我們要讓自己心情穩定，性情平緩，
就應該注意「腳踏實地」，
把身體的中心穩穩地「接地」在地面上。**

Try this 7

掃描 QR CODE
就有影片可看囉！

　　放心，這個練習不是要你走健康步道！當你利用零碎的空閒練習了深呼吸之後，可以加入腳步的訓練：把注意力放在雙腳，感受它們的重量、鞋子的鬆緊。若能脫掉鞋子更好，讓腳掌貼著地面，感受地面的質感、溫度，並想像全身的重心從頭部往下移到腳部，像是一顆樹向地裡扎根，穩固地從腳底深入到底層，讓你全身與地面結合，穩如泰山。若有機會去踏青，也不妨脫了鞋，光腳走在草地上，感受土地在腳下的感覺，也會有醒腦的作用。

　　下次你若要面對群眾、準備面試、或開始會議之前，先用片刻穩定心情：默默地哼一段 quiet song，深呼吸幾次，並感受雙腳穩穩「接地」，絕對會有幫助，讓你更穩重，並平靜。

留還是丟，始終是你的選擇

羅本島（Robben Island）位於南非開普敦西南方7公里的外海，全年大浪不斷，四周海域布滿暗礁險石，數不清有多少船隻曾在此粉身碎骨。這麼嚴峻的環境自17世紀就曾是犯人下放的苦牢，其中最著名的就是耐爾遜·曼德拉（Nelson Mandela）。

年輕的曼德拉因為抵抗南非的種族隔離政策（apartheid）而被判無期徒刑。1962年被送去羅本島時，一名獄卒告訴他：「你一定會死在這裡。」那裡的環境相當苛刻：犯人每天五點半起床，整天在砂石廠採石灰，不准閱讀、沒有收音機，完全與世隔絕。他被列為最低等級刑犯，半年只能見一位訪客。他母親來看他之後不久就去世了，隔年他的長子也身亡，他連喪禮都不能參加。當曼德拉終於被赦免時，已經坐了27年的冤牢。

1990年2月11日，曼德拉牽著妻子的手，走出了監獄大門。他在回憶錄《漫漫自由路》（*Long Walk to Freedom*）裡寫道：「當我步出那扇門，走向自由時，我心裡明白：若不把仇恨留在那個地方，就等於繼續坐牢。」

讓南非渡過種族隔離政策瓦解後的過渡時期，曼德拉的和平協調是絕對的關鍵。當選南非總統後，曼德拉還邀請了當年曾求他死刑的起訴人共用午餐。以前的監獄主管，還被他欽點為駐外大使。曼德拉的寬恕令人讚嘆，民眾封他為聖人，但他笑著反駁：「不，

我絕不是聖人，只是個不停想讓自己不斷進步的罪人！」

曼德拉實在很聰明。他選擇放下仇恨，也可以說是個務實的決定：一來，他知道很多人想借用為他申冤來操作種族對立，而這萬萬不可。二來，他知道自己若放不下仇恨，可能早就死在那個小離島上了。人只要回想自己過去的冤枉，心情會明顯變差，身體也會立即分泌大量的壓力荷爾蒙皮質醇，長期累積會使抵抗力下降、甲狀腺功能和肌肉、骨質都會受損。仇恨是動力，但也是致命傷。曼德拉有句名言：「留住怨恨，就好比自己喝了毒藥，卻期望敵人會被毒死！」

如果你做了之前的腦部清倉，但覺得自己還是悶悶不樂，有很多心事的話，或許要問自己：是否有些舊帳未清，無法放下？

排除怨氣

「怨氣」與工作壓力不同。工作遲早會結束，心結卻往往無解。塞滿了腦袋，就減少了其他思考的頻寬。

打個比方：假設你在海邊撿貝殼，卻發現背包裡裝滿了沙，你應該會先把沙倒掉吧？聽起來理所當然，但很多人辦不到。

人生難免有衝突。每一段誤會、每個結下的梁子、每口吞不下的氣，都好比行囊中拖累我們的沙石，導致錯失幸運機會，或做出後悔的判斷。

　　以前在美國的高中念書時，曾有位同學嘲笑我是FOB（Fresh Off the Boat，也就是對新移民的一種形容，有鄙視的意味）。某次學校舉行籃球比賽，輪我當隊長，雖然那位同學是灌籃高手，但我就刻意不選他上場。結果在那次比賽中，我們一敗塗地。

　　賽後，隊員們紛紛放酸話：「謝謝你啊，隊長！你的私仇干我們什麼屁事？！」我獨自留在更衣室，沮喪地反思。他們說得對，私仇不干他們屁事，卻連累了他們。我想起了一句俚語：「你也許打贏了這一架，卻輸了整場戰爭。」

　　投射現今職場、情場、商場、政局，多常見到自私報復心態，毀了明明能雙贏的好事？

　　在命運的岸邊，太多人背著滿袋的沙，撿不到幸福的貝殼。只見他們額頭爆著青筋，咬著牙、喘著氣說：「我要找到當初給我這袋沙子的人，加倍奉還！」問題是，仇人可能早追不到了，但有些人寧可扛一輩子，也不願把那袋沙隨手倒在沙灘上。沒錯，那是別人塞給我們的，但留，還是丟，完全是你自己的選擇。選擇放下，才能重獲該有的平靜。

　　若你經常悶悶不樂，擺脫不掉負面情緒，思緒不透澈，或許得問問自己：是否有些舊帳該放下了呢？

　　諒解是一念之間，卻也是最困難的轉念課題。我們要先記住：

1. 諒解不只是「算了」

有些人吵架時候習慣說「算了！」，但其實你知道他心裡一點也不那麼認為。如果「算了」，也真的釋懷，那「算了」很好，但其實很多人說「算了」只是逃避或消極的氣話。

諒解不只是「算了，forget it!」而是：「不再以尋求報復或加深傷害的負面心態對應往事，而是以化解問題，並減少自己的心理負擔為目標」。重點在於讓自己能夠釋懷，不要一直掛在心上，其實是一種積極的態度，是讓自己重新獲得情緒主導權的選擇。

2. 諒解不等於縱容

「我好不容易倒了沙，但同一個人又過來捅我一刀怎麼辦？」這是許多人的疑問。諒解不等於縱容或默許傷害你的行為，而是讓你排除情緒的綑綁，以清楚的思緒處理問題。也許這個經驗有寶貴的教訓，而也許那教訓就是要我們離開重複傷害我們的人。就如甘迺迪所說的：「寬恕你的敵人，但永遠記住他們的名字。」諒解能降低負面情緒，但不要忘了其中的教訓！

3. 不要堅持「公平」或「對」

人生本來就不公平。吃虧了算你倒楣一時，但若你一直耿耿於懷，那霉氣就跟你更久。既然諒解，就不要強求扳回一城，也不要堅持對方一定要承認你是對的。告訴自己：「時間會證明

一切！」有句話對我很受用：Do you want to be right, or do you want to be at peace？也就是你要堅持自己是「對」的，還是你要讓自己獲得平靜？

當實驗者用「同理心」和「寬恕的態度」思考舊傷時，原本的壓力反應能恢復正常，效果比「忍受」和「正向思考」好得多。[5]衝突源自不同的立場，而每個人在自己的立場都覺得自己是對的。「諒解」有「諒」也有「解」，設法換個角度，揣測對方的立場，可能比較容易理解對方的過失，也比較容易找到化解衝突的共同點。而實驗證實：寬容的人不僅比較健康，還比較長壽。[6]

諒解源於意念，但實於行動。若你想放下一些情緒包袱，讓自己過得舒坦一些，那不妨試試看以下的練習。

Try this 8

在一張紙上寫：「我選擇開始原諒 ＿＿＿＿＿＿」，填入你要原諒的對象。寫「選擇」很重要，因為這始終是你的決定。「開始」也是關鍵詞，因為原諒未必能一次到位，但起碼你踏出了第一步。然後再補上：「……因為我要自己更幸運。」這麼寫是為了提醒自己：諒解的好處是自己享受的，你的選擇是為了要自己過得更好！若你能辦到這一點，這個意願所帶給你的正面能量和幸福的提升，絕對會超乎想像。

　　如果你經過了一番反思，發現真正需要被原諒的人，竟然是自己呢？能夠反省是好事，但過於自責只會加重心理負擔，而陷於內疚的負面情緒下，反而更難改變。你還是可以用以上的填充題，把「原諒」換成「改變」。例如：「我選擇開始改變我的壞脾氣，因為我要自己更幸運。」至於如何改變壞習慣，建議各位看一些相關的心理學著作，例如查爾斯‧杜希格（Charles Duhigg）的《為什麼我們這樣生活，那樣工作？》，讓自己理解壞習慣背後的心理因素，也就能開始解決問題。踏出第一步，承認並正視你的問題，心情應該也會比較坦然。

　　所以，勇敢地把沙子倒出來吧，愈多愈好！你的袋子愈空，心理就愈健康、愈開朗，也愈有空間察覺捕獲幸運的機會。

注釋：
1.http://en.wikipedia.org/wiki/Sati_（Buddhism）。
2.http://www.huffingtonpost.com/2013/04/08/mindfulness-meditation-benefits-health_n_3016045.html。
3.http://www.ineedmotivation.com/blog/2008/05/100-benefits-of-meditation/。
4.David Allen, *Finding Your Inside Time*, p.2, from the www.davidallengtd.com。
5.Witvliet, C.V.O., DeYoung, N.J., Hofelich, A.J., and DeYoung, P.A.（2011）. Compassionate reappraisal and emotion suppression as alternatives to offense-focused rumination : Implications for forgiveness and psychophysiological well-being. The Journal of Positive Psychology, 6, 286-299。
6.http://www.ncbi.nlm.nih.gov/pubmed/21706213。

habit 5

TUNING
YOUR
FREQUENCY

習慣五：用減法為生活調頻

Lucky Breaks 需要機會和時間。機會和時間充裕的人比較
幸運；沒有時間的人，也就沒有跟幸運交涉的本錢！而「調
頻」，是為了幫助我們應付生活的混亂多變，並從中發現「意
外」，而且是好的意外。

「調頻」背後的科學「祕密」

在這個城市裡,每天有百萬人在走動、千萬個事項在進行、億萬則訊息在傳遞……,在這無比複雜的因果交錯之中,隨處都有風險,但隨處也都是機會。「調頻」,是為了幫助我們應付生活的混亂多變,並從中發現「意外」── 好的意外。

調頻有三個步驟:

1. **設定「對的頻率」**
2. **降低「雜訊干擾」**
3. **捕捉「意外靈感」**

要讓「調頻」發揮最大的效果,要先理解它背後的理論基礎。

自從我老婆懷孕的那天,我發現台北市突然多了許多孕婦。孕婦在逛街、孕婦在公園、孕婦在捷運上、孕婦 everywhere! 難道大家都決定同時生小孩嗎?當然不是啦!而是因為老婆懷孕,我才開始更注意其他孕婦的存在。

我們的感官整天浸泡在雜訊中,但我們多半都不會注意。你在讀這篇文章的同時,空中可能瀰漫著各種聲音和氣味,但當我們停下來才會察覺它們的存在。下次你在馬路上,停下來注意身

邊有多少噪音。市中心街道的音量能高達70分貝，但在這麼吵的
環境中，我們卻有辦法跟別人聊天，就是因為大腦會自動過濾一
些雜訊。但「過濾」並不表示完全沒聽到。如果有路人這時突然叫
你名字，除非你非常專注，不然八成會聽到，即便你同時在跟別
人聊天。當過父母的人也知道，在一個吵雜的環境，當自己的孩
子突然叫你時，即便有很多其他小孩在場，你一定都會聽到。顯
然，我們的大腦過濾系統很聰明，不但能夠辨識自己的名字，還
能辨識出孩子的頻率和音質。以前我媽媽常說我：「你都只聽到你
想聽到的！」其實，她說得沒錯，我們確實有「選擇性聽力」。

　　那麼，接下來的問題就是：大腦的自動過濾系統，是否能夠被
設計，像設計電腦程式一樣呢？我們來做一個測驗：請很快讀一
下下面這個清單，然後把書合起來，寫在一張紙上，看看你記得
住幾個項目（不需要按照順序記住，只要把記得的都寫下來）：

1.　幼稚園	8.　原子筆	15.　尿布
2.　海綿	9.　大聲公	16.　天空
3.　馬路	10.　紅綠燈	17.　摩托車
4.　耳塞	11.　泡麵	18.　斑馬線
5.　放大鏡	12.　奶嘴	19.　玫瑰
6.　錢包	13.　濕紙巾	20.　磚頭
7.　計程車	14.　手機	

你記得幾個呢？一般人能夠記住7到10個，所以如果你居然能夠記得全部，恭喜！你的記憶一定很棒。雖然這些單字沒什麼特殊意義，但其中有幾個跟城市有關：馬路、計程車、紅綠燈、摩托車、斑馬線。你是否記得它們呢？根據研究，你可能比較容易記得那些單字，也可能比較容易記得「幼稚園、奶嘴、濕紙巾、尿布」。為什麼呢？因為在這個遊戲之前的上一段文字裡，我提到了「城市」和「小孩」。

這種現象叫做「聯想啟動」（associative priming）。當大腦在吸收資訊時，會同時開始「聯想」，於是所有相關的單字會比較容易被注意，若你經常要照顧寶寶，那幾個跟小孩相關的單字就應該會更容易被記得。雖然效果不算有晝夜之分，但實驗也確實證明有差。[1]所以，如果一段文字就能影響我們的記憶和反應速度的話，那反覆、深刻的思考，豈不是會讓這種效果更明顯？這一點聽起來很像「吸引力法則」，但不是《祕密》所說的「你只要很用力想要什麼，就會像磁鐵一樣把它吸過來」。所以，正確的解讀應該是：「你在想什麼，就會比較容易注意到什麼。」

也就是說，如果你一直想「錢」，確實會容易注意到錢，但問題也就在這裡：「錢」與「賺錢」是兩回事。潛意識很擅長辨識和聯想，但不擅長計劃，所以光是注意到錢的存在，並不會幫你賺錢。

調頻到「錢」，不如調頻到「賺錢」。
調頻到「賺錢」，不如調頻到「能夠賺錢的機會」。

　　有效的頻率不只是信念和夢想，而是「具體、實際的行動目標」。「具體」、「實際」、「行動」都是其中的關鍵：

具體——如果你希望自己有錢，就需要先設定具體目標，例如：「我想要三年後達到百萬年薪」。

實際——在你目前的能力範圍內，有什麼機會能幫助你達到「三年後百萬年薪」的目標呢？或許機會還沒出現，但可以開始想像那個過程，例如：「我要先找到一份業務工作，努力拚業績，以公司的分紅機制，達到百萬年薪」是個相當實際的計畫，雖然未知數還很大，但總比中樂透的機率要好很多。

行動——既然有了實際的目標，你要先採取什麼樣的行動，才會開始朝向目標邁進呢？以這個例子來說，「找到一份有機會獲得百萬業績的業務職位」會是很好的開始。

要找好男人，先定義好男人！

在網路上有個好笑的漫畫：美少女雙手合十禱告著：「上帝

啊！請賜個好男人給我！」下一格則是上帝攤手說：「我之前不是送了好幾個對象給妳嗎？都被妳發『好人牌』了啊！」所以，**要善用良機，先得搞清楚自己要什麼。**

　　M是我一位女性好友，事業有成、獨立自主，但離婚之後，也厭倦了情場的強顏歡笑。雖說自己可以過得很開心，但她總還是渴望有人陪伴。有一次去登山，獨自在山頂瞭望著美景時，她突然有個衝動，抓了一張紙，在山頂疾筆寫下她的「Mr. Right」清單。

　　「我以前也不相信列清單這回事。但是真正做了這個功課，而且是很誠實地面對自己，我發現我不再活在社會及別人的價值觀了。」她說。於是，她的「好男人清單」洋洋灑灑有十幾個條件，卻不是一般常見的「高、富、帥」，而是一些在她內心深處覺得最重要的特質，包括「心智成熟」、「對錢有責任感（但也不是守財奴）」、「樂觀開朗」、「好奇並有玩心」，還有「在床上勇於嘗試」（她說：「我相信每個人暗地都會承認這點很重要！」）寫完後，她心裡一陣舒暢，但沒再去想它。

　　後來她認識了一個男人，兩人非常來電，很快便開始交往。直到某一天，M才突然想起之前的那個清單還夾在行李中的旅遊指南裡。她趕緊把它找出來看，因為對方有些條件（例如種族）似乎與她的設想不同，但再看了一次，M發現「種族」原來就沒列在清單裡。「在這之前，我從來沒跟亞洲男人約會過，所以有點擔心，」她說：「但清單提醒了我，那根本不是關鍵，而最重要的條件，他都有。」

12年了,他們還在一起,同居相處地非常快樂,真是絕配。

《祕密》的信徒會說:「她真心想要真愛,於是就獲得了她的真命天子!」但M自己卻說:「我覺得這跟吸引力法則無關,那個清單真正的價值,其實是讓我認清自己。」M遇見了她的真命天子,因為她終於知道自己要的是什麼樣的真命天子。

調頻的 Three Be's:
* **Be realistic**:你的願望不應該只是抽象的夢想,而是實際又具體的目標。
* **Be proactive**:守株待兔容易錯過良機,所以調頻之後,你還是得動起來。
* **Be honest**:誠實面對自己,知道你真正要的是什麼。你可能表面上跟著大家走,但唯有搞清楚自己,才能察覺到那些讓你突破格局的機會。但也請記得:人都會改變,所以也要坦誠面對自己的改變。

事不過三

有一種人,早上起床時就已經全身緊繃,因為睜眼前就已經在想今天要做的事。他們的to do list永遠清不完,因為總有事必須立即處理,總有重要會議必須開。跨年前,他們給自己列下好

多新年新希望，雖然知道不可能全兌現，但總覺得必須要行動。這種人做腦部清倉，只怕十張紙都不夠用！

　　絕對不能說他們沒效率！他們是行動派，講到效率，他們比誰都懂。他們開車走捷徑、辦事前先規劃路徑、反應快、動作快、講話快，整天停不下來……，但這些工作狂，也往往抱怨自己無法實踐最重要的個人計畫，因為「沒時間」。

　　「沒時間」是我們最常聽到的理由，也是個正當的理由，畢竟老天只給我們24小時。但因為以前聽說人類只會使用腦部的10%（其實那是無稽之談，早已被推翻）[2]，很容易因此認為我們的腦力無限，所以只要懂得方法，就可以提高效率，一心多用，事半功倍，是嗎？

　　當然不是。這種效率迷思其實正在傷害我們的效率。大腦雖然能同時處理很多事，但實際上「專注力」是非常有限的。感覺像是在一心多用（multitasking）的時候，實際上是在讓專注力快速切換。對那些停不下的人來說，這種切換能夠滿足他們的控制慾，甚至帶來一種快感，但實際上，當他們每次切換專注的目標，就如相機自動對焦一樣，都會有一點小小的delay。

　　研究已證實：同時做好幾件事，不如一次專心一件事，但也不宜專注太久，最好每半小時就讓腦袋稍微休息片刻。現在很紅的「番茄鐘工作法」（Pomodoro Technique）就是專心25分鐘＋休息5分鐘，還有免費的相關App可以下載。

　　大腦能同時處理很多資訊，但這也有限制。學者發現，聽完一場演講之後，大部分的人只會記得三個重點；認識陌生人時，大致也只會記得三個特徵。聽一段旋律、異國語言或隨機的數字時，我們腦袋裡有差不多三秒的「聲音迴路」；若來不及把聲音「解碼」並理解（或不停複誦）的話，超過三秒長度的部分就無法記住。

　　所以，古人說：「三思而行」、「三復斯言」，顯然「三」是個別有意義的指數，現代心理學也這麼發現。學習專家雅特·馬克曼（Art Markman）就建議，當我們跟別人溝通時，應該盡量遵守「三的法則」（The Rule of Three），把資訊整理成三個重點，對方會較容易記住。[3]

　　很多人會覺得焦慮，是因為一次想要做太多事。你可以做好工作、陪伴小孩、跟家人相處、充實自己、鍛鍊身材……，但如果你統統想從一月一號開始，只會先把自己累垮，因為每一種改變都需要時間和體力。我們可以給予「事不過三」一個另類的解釋：「重要的事，不宜計劃超過三個」。

　　調頻也是一樣。當你有太多計畫時，很容易覺得每個機會都有潛力、每個建議都值得採納、每個新鮮事都值得嘗試。結果呢？要不就什麼都做，但努力無法累積成才，要不就因為太難抉擇，反而原地踏步。這並不表示我們得限制自己的夢想，完全不是這個意思！我們可以有很多夢想，但實際「調頻」也就是鎖定我們的專注力和聯想力的目標，只是最好不要超過三個。

艾森豪的魔術方塊

但你說：「我平常都已經分身乏術了，哪有空間再調頻？」

我的答案是：當然有空間！但你要刻意把它挪出來。不會太難，只需要做一些預備的整理。如何整理呢？讓我們跟一位近代超有效率的偉人學習。

艾森豪（Dwight D. Eisenhower）是美國第34任總統，從1953年到1961年執政兩任。美國許多重要基礎建設都在他的領導下建立，包括洲際高速公路系統、軍用通訊網（也就是Internet的前身）和NASA。艾森豪是五星將軍，在二次大戰是聯軍最高統帥，也曾是NATO第一位最高統帥。他不僅是軍師和政治家，也是一位油畫家（他的邱吉爾畫像實在虎虎生風），高爾夫球也打得一級棒。喔，對了，他還當過哥倫比亞大學的校長。一個人怎麼能有那麼多成就啊！？

他的工作祕訣，就是嚴格審視每一個待辦事項，先把事情分類再處理。如今許多企業教練都引用他的系統，並稱為Eisenhower Box[4]。所有的事項都能列入四宮格，以「重要／不重要」和「急迫／不急迫」來分：

	急迫 URGENT	不急迫 NOT URGENT
重要 IMPORTANT	**DO** **現在做** 寫文章	**DECIDE** **找時間做** 做運動 打電話給家人和朋友 查文章
不重要 NOT IMPORTANT	**DELEGATE** **誰可以幫你做？** 安排會面 接受建議 回重要信件 分享文章	**DELETE** **刪掉它** 看電視 確認社交網站 整理垃圾信

1. 如果事情是急迫又重要（例如：明天要截稿的專欄），就DO，今天立即動工。

2. 如果重要但不急迫（例如：開始為下一本書做研究），就DECIDE，規劃進行的時間。

3. 如果急迫但不重要，那就DELEGATE，交給別人做。

4. 如果既不急迫又不重要，那就DELETE，刪掉算了吧！

　　這個系統非常好，也有很清楚的邏輯。史蒂芬‧柯維（Steven Covey）在他的經典著作《與成功有約》（ *The Seven Habits of Highly Effective People* ，被奉為「個人成功學聖經」）之中，也把這個技巧納

入七個關鍵習慣之一。那我們就來看看，自己的To Do's能怎麼套入這個格式吧！

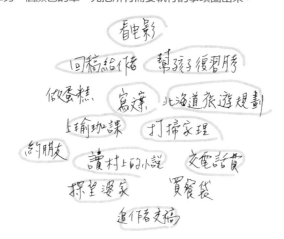

Try this 9

把之前那張「腦部清倉」拿出來（自從寫完之後，你就沒有再看吧？）它應該看起來很凌亂。沒關係，它原本就是個意識流紀錄，本來就該看起來凌亂。之前在你的腦袋裡時，這些思緒都像是一團雲霧，造成你的懊惱，我把它稱為你的「惱雲」；現在將它們寫在紙上了，就可以開始處理。

拿另一個顏色的筆，先把所有需要執行的事項圈出來：

看電影

回稿給作者　幫孩子複習時

做蛋糕　寫稿　北海道旅遊規劃

上瑜珈課　打掃家裡

約朋友　讀村上的小說　交電話費

探望婆家　買餐袋

追作者支稿

接著，把這些事項分別歸類到艾森豪的四宮格裡；然後（這是關鍵）問自己：在我每天的生活中，有多少時間花在每一個方塊上呢？

	急迫	不急迫
重要	回稿給作者 寫封面文案 幫孩子複習月考	買生日禮物 追作者交稿 上瑜伽課 北海道旅遊規劃
不重要	打掃家裡 交電話費 買露營用具	看電影 讀村上春樹最新小說 約朋友吃飯

　　如果你發現自己大部分的時間都在處理「急迫又重要」的事情，那你基本上是個「救火隊」，難怪沒時間給自己！別自責，許多人都在這個方塊裡過日子，很偉大，但也很辛苦。

　　再看看那個「重要但不急迫」的方塊。這些事項包括了我們的長期計畫、願景、想施行的自我改善，或對自己和家人未來的規劃。你我都知道，這些才是真正能大幅改進你的生活，讓人生提升的事情，但我們也偏偏在這個方塊花最少的時間。根據史蒂芬‧柯維的研究，一般人只會用5%的時間進行「重要但不急迫」的事。為什麼我們偏偏在這裡最沒有行動力呢？難道我們真的缺乏自律嗎？讓我把自己的「內心獨白」套入這些方塊：

	急迫	不急迫
重要	**DO** 「這些事非得我做不可啊！我不做，天就要塌下來了！」	**DECIDE** 「我知道這些很重要，但現在實在太忙了，改天有空的時候再來好好面對！」
不重要	**DELEGATE** 「我知道它們不重要，但你叫我交給誰做？！雖然不爽，但還是自己處理好了，交給別人還要花時間教育他們！」	**DELETE** 「我工作那麼努力，起碼該給自己一點放鬆的時間吧？！」

　　如果這也看起來像是你的內心對話，那我們可以交個朋友了，因為那也是我的內心對話。要跳脫這種心態，我們需要冷靜評估眼前的四宮格：如果你發現自己每天做的事多半都在左邊那些方塊，那你可能陷在所謂的 reactive life。這種生活雖然忙碌，卻處於「被動」狀態。當我們被 deadline 逼著跑，還要處理一些急、卻不重要的事情時，每當有點空檔，就寧可去打個電動、上個網、看個連續劇。那些「上進」的事情需要太多腦力了，還是改天再說吧！但在這種循環之下，我們只能忙中偷閒，覺得壓力大，但「沒辦法啊，人生就是這樣！」

　　當亨利・梭羅（Henry David Thoreau）在19世紀寫道：「Most

men live lives of quiet desperation.」，就是這個意思。而他的這句
名言的後半段更是精采：

大部分的人都默默過著急迫憤懣的生活，
而踏入墳墓時，內心還有那首沒唱出來的歌。

*Most men live lives of quiet desperation...and go to
the grave with the song still in them.*

多麼寫意又貼切的形容啊！「那首歌」就是你未發揮的潛力、
未實踐的夢想，你的 Lucky Breaks。太多人原本要追尋夢想，但
淪為等待夢想，而當夢想遲遲沒來，就感嘆「人生不就是這樣！」

右上角的那個方塊，才是你真正該做的事，你真正的夢想。
這也是我對「幸運」所領悟的一個關鍵：

Lucky Breaks 需要機會和時間。
機會和時間充裕的人比較幸運。
沒有時間的人，也就沒有跟幸運交涉的本錢！

我們每天必須做的事在左邊，但幸運的機會和發展往往在右邊。我們必須給自己一點時間，對右上角做一些交代。不是「規劃要開始做」，而是「今天就開始做」。

現在你也知道，因為我們的腦力負荷有限，所以如果處理太多左上角的事，即使有時間，也不會有精神到右上角。所以，我們必須嚴格規劃每天的腦力分配。

讀到現在，你應該就了解「調頻」的幾個重點了：

1.　**先讓腦部清倉，再用「接地」的技巧沈靜你的思緒。**
2.　**把你今天要調頻的目標減少到三項。**
3.　**決定今天對這三項採取行動。**

Try this 10

掃描QR CODE
就有影片可看囉！

在你的四宮格裡面，選出三件事情來做。其中兩項，可以選左上角「重要又急迫」的事，另外一項，則必須選自右上角「重要但不急迫」的清單，並且答應自己：今天一開始，就必須先完成這三件事，再做其他的事。如果你選的右上角事項是個大計畫，就把它分成小塊，每天用一小時，哪怕半小時也好，朝著目標做一點進展。

選擇哪三件事情就完全由你自己決定。你可以每天換不同的三項，或專注在三項直到完成，it's totally up to you。而且，每天一起床，就先讓自己「調頻」到這三項，所有其他的都先不想。

那萬一左下角有急迫的事項，雖然不重要，但還是非得處理不可呢？你可以選擇一項左下角的事，但同時就得放棄左上角的其中一個項目，無論如何，還是只讓自己調頻到三件事，不多不少。

我們非得這麼做不可，因為從眾多心理學研究，我們終於明白：最寶貴的資源不是時間，而是腦力。

每天把自己的專注力調頻到三件事不會造成太多負擔，因為我們的潛意識不需要同時掛著太多事情在心上。當我們對這三件事都有了交代和進展，腦力可能已經用掉了60％或更多，但這時我們知道最重要的事情已經處理過了，就能再用剩餘的腦力和時

間做其他的事情。

「我的事情太多啦！可不可以先在左上角選三個，直到生活比較能被控制後，再從右上角選？」很抱歉，不行！如果你要自己過得更好，享有更幸運的人生，就必須懂得「取捨」，況且，每天只花一個小時在未來的計畫上，也不算過度要求啊！

你可能一開始會覺得不舒服，覺得那些左邊的事情沒有處理會天下大亂，但我敢保證，若你能每天照這個方式調頻，過了一陣子，你心理一定會比較踏實，而且天也不會塌下來。切記：

你要的幸運人生，
是在艾森豪魔術方塊的右邊，不是左邊。

潛意識的影響

最後我要分享一個技巧，也是心理學特別有趣的一個範圍：潛意識影響。

「潛意識廣告效應」（Subliminal Advertising）曾是非常熱門的心理學研究領域。可想而知，對它最感興趣的，就是廣告公司了。在電視節目中很快速地閃過一個產品圖片或品牌logo，快到只有

五分之一秒時，一般人完全不會意識到那個畫面，但還是會受到影響，例如，有個研究讓實驗者看一齣辛普森家庭卡通，中間暗藏了幾格「口渴」（thirsty）這個詞和可口可樂瓶身的剪影，結果發現這些人看完節目後果然覺得自己比較口渴[5]。但是，效果足以造成購買行為嗎？

研究結論是：如果你本來就口渴，那就更容易受到飲料相關的潛意識影響。如果你已經肚子餓，那食物相關的訊息也會特別有效。所以不用太擔心：潛意識訊息的效果沒有厲害到會讓你做出你不想做的事，但如果你已經有基本的意願，這些訊息會有「提醒」的效果，讓你會更想要去做。

所以，如果我們要「調頻」更有效率，可以用一些技巧來提醒自己的潛意識。

Try this 11

讓「便利貼」成為你的朋友

買一疊便利貼（顏色不重要，選你喜歡的就行）。當你挑好今天要調頻的三個事項後，用粗線條墨水筆，把事項寫在便利貼上，一個事項寫一張，把字寫得大大的，而且愈簡單愈好，最好就是一個關鍵字。例

如，事項是「寫好明天的工作報告」，只需要寫「報告」兩個字就好。如果能畫個圖代替文字，還更好；你可以畫一本書來代替「念書」，或是畫一朵花來代替「去花店」。

然後，把這三張便利貼，黏在你常會經過的地方，或是你最愛偷懶的地方。如果你常坐辦公桌，可以黏在旁邊的牆上。如果你喜歡看電視，那就黏在電視旁邊。如果怕別人看到你的便利貼，也可以選一個較不明顯的地方，只要自己一天能無意之間瞄到幾次就好。

其實，三張螢光便利貼已經是很顯眼的記號了，不難意識到它們。但你若持續這麼做，過了幾天，可能就不太注意它們的存在了。如果你每天都把便利貼黏在同一個位置，過了一個月，它們就會變成你環境中理所當然的一部分，那時候你的環境意識已經不太會注意到它們，但即使你只會眼角餘光掃過，它們還是會對你的潛意識有提醒的效果。

用三張便利貼還有一個好處：它們讓你不需要每次都看那密密麻麻的 to do list，然後被上面所有未完成的事項搞得很煩。

To do list 很好，但它們無助於調頻。當你對最關鍵的三件事都做了適當的處理或進展後，再回頭去看那個 to do list，心情會很不一樣。

用便利貼，在你的環境中暗藏「CUE 點」，就可以提醒你的意識（和潛意識）維持必要的優先專注，有助於你把事情完成。

調頻一步一步慢慢來

簡單來說，調頻其實就是下面4個步驟：

步驟一：把你的「惱雲」或to do list，歸類到「艾森豪的魔術方塊」裡（大約一週做一次就可以）。

步驟二：晚上就寢前，從方塊中挑選三個事項，兩個從左上角，一個從右上角。

步驟三：把這三個事項用大字或圖，各別畫在三張便利貼上。這個「選擇」和「書寫」的動作，就已經啟動你的調頻機制了。把三張便利貼放在床邊，你就可以安心睡覺了。

步驟四：早上起床，很快瞄一下便利貼，但不用特別去思考它們。上班時，記得把它們帶去辦公室，黏在你不時會看到的地方。

就這麼簡單！不需要讓自己煩惱，也不需要花時間做詳細的策略規劃。調頻之後，你的潛意識就會接下這份指令，讓你腦部的自動過濾系統開始注意與這三件事情相關的訊號。這時候你可能發現，環境中有許多平常沒注意、卻有助於你達成任務的東西，都會開始冒出來。

這種訓練能讓你工作更有效率，長期下來也能更有成就，但

這跟運氣有什麼關係呢？好問題！因為學會這個之後，我就能解釋「機遇」在「調頻」中所扮演的角色了。請繼續看下一篇！

注釋：
1.Stanovich, Keith E.; West, Richard F. (1983). *On Priming by a Sentence Context.* Journal of Experimental Psychology 112（1）。
2.http://www.scientificamerican.com/article/do-people-only-use-10-percent-of-their-brains/。
3.Art Markman, *Smart Thinking: Three essential keys to solve problems, innovate, and get things done.* New York: Perigee, 2012。
4.圖片源自 http://jamesclear.com/eisenhower-box。
5.Cooper, J. and Cooper, G. (2002), *Subliminal Motivation: A Story Revisited. Journal of Applied Social Psychology*, 32: 2213–2227. doi: 10.1111/j.1559-1816.2002.tb01860.x。

FINDING
YOUR
LUCKY
BREAKS

習慣六：廣泛涉略、深入觀察

路易·巴斯德說：「運氣偏好有所準備的心智。」Lucky Breaks 也不是無中生有，而是在現有的條件中發現靈感，再用創意把資源連起來，就能製造無限的機會。

運氣是給準備好的心智

安迪‧希爾德布蘭（Andy Hildebrand）是一位數學天才，也是個很幸運的人。他曾經為埃克森石油公司（Exxon）研發出一套用音波測探地質的方法。後面的原理我不是很清楚（我畢竟不是數學天才），但基本概念是：在不同的地質中，音波的傳達速度會有所不同，於是對地面發出特定的音波，再分析音波反彈回來的波形，就能夠更準確預測地下是否會有油田。這個系統為埃克森石油公司省了不少錢，也為安迪‧希爾德布蘭賺了不少錢，使他很年輕就能夠退休。安迪‧希爾德布蘭最愛的是音樂，學生時代還一度考慮當職業長笛手，於是退休後，他就一直在思考如何把之前的音波研究和錄音科技結合在一起。

某天，在一場晚餐聚會上，一位朋友的太太對他開玩笑說：「安迪啊，如果你能發明一個機器，讓我唱歌不要走音，就會是奇蹟了！」這一句無心的笑話倒是讓他靈光乍現。是啊！音波可以分析地質，為何不能分析音準呢？安迪‧希爾德布蘭立即開始研究，經過了許多實驗之後，竟然設計出一套可以把任何樂器的聲音「拉」到正確的音階，卻又不會失真的錄音軟體，取名為Auto-Tune（自動調音）。

如今，全球的錄音室都在使用Auto-Tune，幾乎每一位歌手在錄音過程中都會經過Auto-Tune的微調。Auto-Tune讓許多原

本唱得荒腔走板的藝人都能發片！後來有些製作人還刻意用Auto-Tune最極端的設定，把人聲調成一種轉音很不自然，聽起來像機器人的效果，從Cher、T-Pain，到現在很多動感流行專輯（尤其是日韓偶像團體）都會聽到這個"Auto-Tune Effect"。Auto-Tune改寫了音樂歷史，還被亂用成一種風格，連安迪・希爾德布蘭都傻眼。

若當年在聚會上，那位太太沒開那個玩笑，安迪・希爾德布蘭可能不會想出Auto-Tune這個點子。一句無心的話，讓這位女士成了安迪・希爾德布蘭的貴人，而安迪・希爾德布蘭則成為了音樂界的大貴人。「運氣偏好準備好的心智。」這是路易・巴斯德（Louis Pasteur，巴氏殺菌的發明者）的名言。安迪・希爾德布蘭之前在石油公司十幾年的研究為他做好了準備，讓一句無心的笑話成為了他的運氣。

培西・史賓賽（Percy Spencer）的故事也很類似。在二次世界大戰期間，他為美國研發雷達系統，某日站在雷達機前面時，突然發現口袋裡的巧克力糖融化了。好幾位實驗室的同事之前都發現過這種狀況，但大家忙著研究雷達，沒有人特別去理會。培西・史賓賽憑著一股好奇心，不但找到了巧克力融化的原因，還研發出一個機器，創造了龐大商機，也改變了現代人的生活，那就是「微波爐」。

或許安迪・希爾德布蘭和培西・史賓賽最大的天才，就是能在別人忽視的地方看見可能性。他們特別聰明嗎？也許。但如果

光是念很多書就能準備好心智的話，每一個好學生都應該是億萬富翁了，不是嗎？但歷史上許多偉大的發明家和企業家都沒有高學歷（培西‧史賓賽連小學都沒畢業），反而許多被公認為是天才的好學生卻小時了了，大未必佳。

人生最大的遺憾，應該就是「懷才不遇」吧！所以我們應該探討的是：既然有「才」，要如何「遇」呢？令人「出運」的往往是一個靈感或機會，激發個人的潛能，並讓專長派上用場而功成名立。這種「準備好了的心智」所巧遇的機會，就是英文所謂的Lucky Breaks。

Lucky Breaks 是偶然的機會或靈感，剛好運用到之前所累積的歷練和專長，造成出乎意料的好結果。

我們是否能學習這些創意天才的思考方式，準備好自己的心智，促進Lucky Breaks發生呢？這就是此篇要討論的主題。

創造梅迪奇效應

羅馬帝國衰頹之後，歐洲陷入了將近一千年的「黑暗時期」，族群互相打打殺殺，人們普遍吃不飽，還不時發生「黑死病」這種大災難。但在15世紀，義大利的佛羅倫斯（Florence）這個小城市突然出現了許多藝術大師，文化大幅進步，引發了西方歷史最光輝的「文藝復興」（The Renaissance）。為什麼這一切都從佛羅倫斯開始？難道那裡的水質特別好嗎？

佛羅倫斯是當時歐洲的貿易重鎮。那裡的商人多，生活品質較好，來自亞洲和歐洲各地的商人都會聚集在這裡，使得佛羅倫斯有了多元的文化。許多當地最有勢力的商人，例如富可敵國的梅迪奇（Medici）家族，對佛羅倫斯的文化建設有很大的貢獻，時常贊助藝術家，並將作品展示在佛羅倫斯的教堂和廣場中。各地的藝術家都因此趨之若鶩，其中包括了達文西、米開朗基羅、波提切利等大師。

資源多、有人才、又有金主……如此一看，就不難懂為何文藝復興在佛羅倫斯開始了。作家法蘭・強納森（Frans Johansson）就以這個例子來形容「創新」的條件：**當許多不同的文化、專長和知識能夠在一個地方交叉融合，就很容易引爆突破性的發展**。他將其命名為「梅迪奇效應」。**1**

對照現在的世界，21世紀的佛羅倫斯、也是梅迪奇效應最強

的地方，應該就是矽谷了。矽谷每一家咖啡店和酒吧天天都高朋滿座，氣氛熱鬧無比，來自世界各地的年輕創業家各個都眉飛色舞地介紹自己的新公司，積極地彼此交流，找機會與彼此合作，那種創新的能量令人振奮。在那裡工作的朋友們跟我說：「在矽谷，你整天都會接觸一大堆新點子，不想創業都難！」

時代和環境能造就英雄，但我們未必一定要搬到矽谷。法蘭‧強納森建議，如果你想要打造自己的「梅迪奇效應」，應該培養三個習慣：

1. **廣泛交涉**：尤其是不同背景、不同文化的朋友。他們能夠帶來的觀點可能讓你跳脫過往的思考框架，也可能帶來意想不到的機會（至於如何與他們交涉才能獲得最好的效果，是我在「聯線」這部中討論的重點）。

2. **多元自習**：把自己當個「資訊雜食動物」，大量吸收知識，並培養不同的興趣，即使跟你目前的事業毫無關係。就是因為看似毫無關係，才可能激發「出乎意料」的靈感。

3. **保持玩心**：玩心等同好奇心，而好奇心則是自習者的主要動力。許多成功企業家和科學家在外看似很嚴肅，但私底下都有「老頑童」的個性，對新鮮事總是充滿了好奇。

培養多元的興趣

賈伯斯在念大學時，曾經上過一門「英文書法」的課程。當時他選修這堂課純粹只是因為喜歡，沒有什麼特別的人生規劃。但這堂課後來影響了蘋果電腦的設計，讓「比例間距字體」（proportionally spaced fonts）成為麥金塔（Macintosh）電腦的特色。「若我當年沒有上這堂課，我敢說，個人電腦就不會有這麼漂亮的字體。」他在史丹佛大學致詞時分享了這個故事，並告訴畢業生們：「你無法預測過去的經驗會怎麼連起來，只有在回顧的時候，這些連結才會明朗，所以，你必須『相信』它們會連起來⋯⋯這個信念從來不曾令我失望，也對我一生有關鍵的影響。」[2]

許多企業也發現，讓員工培養多元興趣，是一個投資報酬率很高的策略。舉例來說，3M集團從1948年以來就讓員工用15%的上班時間做自己感興趣的研究，因此研發出許多創新又熱銷的產品。惠普公司（Hewlett-Packard）設定每週五下午為自由時間，還讓員工借用公司的精密儀器來做自己的實驗，據說許多噴墨印表機的科技就是如此誕生的。Google的「20% Time」政策更是業界的指標，而員工用這段自由時間「玩」出了一籮筐黃金點子，包括Gmail和AdSense。

要準備心智，就要給自己設定一個固定的時間，廣泛吸收資訊，並培養不同的興趣。「興趣」就是任何能夠累積經驗，從中獲

得進步，能與別人交流心得，又能享受過程的事。舉例來說，「打電動」只是娛樂，但若研究電動遊戲、改寫遊戲，或訓練自己成為職業電玩高手，那就算是興趣了。

同樣的，「吃東西」不算興趣，但「品嘗美食」可以成為興趣。「喝酒」不算興趣，但「品酒」可以成為興趣。培養興趣的關鍵不僅是享受過程，而是分析並分享經驗的累積。

我認識一位資訊工程師，平常的嗜好就是去找新餐廳嘗鮮，並在網上分享美食經驗。後來他發現許多新餐廳沒有網站，或根本不懂怎麼做網路行銷，於是他開始幫他喜歡的餐廳製作網頁。如今這個副業不僅為他帶來不少收入，還建立了他與餐飲業的好關係，這一切，都是因為他愛吃。

如果你一時找不出興趣與工作的關聯，也不需要勉強。維持對興趣的熱中，並享受其中的學習過程，比較能夠維持興趣，並產生機會的火花。

Try this 12

培養一個新的興趣，最好與工作無關。如果你已經有很多興趣了，那再進一步，就是加入一個相關的社團。我們平常很難跨出社交圈，多半都是跟自己類似的人交往，但以興趣為宗旨的社團就能跨越社交界線，包容較多不同背景的人士，例如讀書會、電影社、休閒運動隊等。只要有共同興趣，話題也就有了。

玩出幸運的創意

前一陣子，我帶我的兩個小孩出外用餐。他們雖然還小（目前千千四歲、川川兩歲半），在餐廳很難坐得住，但我盡量不請出「賈伯斯保姆」，先讓他們自己玩耍。眼看川川把一杯水倒進碗裡，再從碗裡倒回杯子，好像實驗室裡的化學工程師。千千則是在玩面前的一片圓形的橡膠餐墊。

千千先假裝在餐墊上放菜，說：「這是披薩！」然後又把它對摺，說：「這是三明治！」接著她把餐墊捲起來，說：「蛋餅！」（它的樣子和質感還真的有點像蛋餅），然後整個蛋餅再對摺，拿到耳

朵旁邊說：「喂～？」喔，原來是手機！一餐下來，千千還用餐墊變出了遙控器、望遠鏡、萬花筒，讓我相當佩服。

有意思的是，我幾天後再提起這件事，女兒竟然不太記得！她記得在餐廳玩過餐墊，但沒覺得那有什麼了不起。對她來說，這不就是在玩嗎？

畢卡索曾說：「孩子們天生都是藝術家，問題是長大後如何維持那種天賦。」晚年的他也曾經感嘆：「我花了四年學會如何畫得像拉斐爾（Raphael，文藝復興時期的義大利名師），但花了一輩子才學會如何畫得像個孩子。」為什麼畫得像個小孩，反而還要「學習」呢？

畢卡索指的就是那種孩童般的倜儻不羈，那種天馬行空的奔放創意。對孩子來說，創意是自然的玩樂過程。但長大的過程中，我們學會思辨，也學會批評，許多好點子在源頭就被自己打槍了，根本沒機會問世。久而久之，我們可能連創作是什麼感覺都忘了，甚至覺得自己就是「天生沒有創意的人」。

也許我們把創意的標桿設得太高了。你不需要畫出一幅工筆畫、譜出一首交響曲才算創意。創意不一定要全然創新，而是用現有的東西變出新花樣。當我們在KTV唱歌時臨時改一段歌詞讓全場大笑，那就是創意。打球的時候看到隊員一個眼神，把球接過來，漂亮上籃，也是創意。結合了不同資源，用新方法處理工作，絕對是創意。其實，我們每天都在用創意解決生活的問題和挑戰。

　　據說約翰·古騰堡（Johann Gutenberg）是因為在酒莊看到農夫用木頭機器在榨葡萄汁，得到靈感發明了活版印刷機。何尼（Jean Hoerni）是在淋浴時注意到水如何流過自己的皮膚，進而發明了矽晶片製造技術。靈感雖然感覺像是「天外飛來」的，但它不是從天上掉下來的，而是在環境裡「顯現」的。即便是一顆蘋果，砸中了牛頓的頭，也就改變了世界啊！Lucky Breaks 也是一樣，不是無中生有，而是在現有的條件中發現靈感，再用創意把資源和經驗連起來。這需要什麼樣的思考方式呢？

兩種思考力

　　首先，我們來做一個簡單的智力測驗：

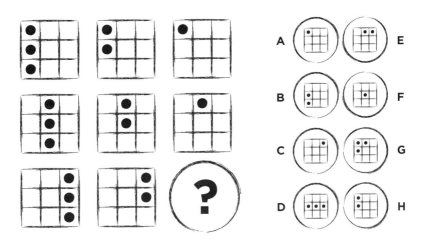

這種題目叫做瑞文氏圖形推理能力測驗（Raven's Progressive Matrix），一般IQ test常見。這題的答案是C，應該不會太難吧？

接下來，請用兩分鐘的時間，完成這個填充題：

一個迴紋針能夠用來 ＿＿＿＿＿＿＿。

寫得愈多愈好，請自由發揮，準備好了嗎？開始！

歡迎回來，你想出了幾個答案呢？能夠寫出十個以上就算很厲害了。以上的兩個題目都算是智力測驗，測試的卻是兩種不同的智力。

聚斂思維

第一個問題所測試的是「聚斂思維」（convergent thinking）。這種思考模式彙整不同的資訊，「聚斂」出正確的答案。

第二個問題所測試的則是「擴散思維」（divergent thinking）。這種思考模式從一個源點，放射似地聯想出各種不同的答案。可想而知，這個題目雖然有評估標準，但沒有所謂的「正確答案」[3]。

擴散思維

創意需要擴散＋聚斂

一般來說，小孩的聚斂思維能力不如成人，但擴散思維卻可能比成人更強。這並不表示大人智力退化，而是被自己所限制了。我們的教育系統多半教的是聚斂思維，給標準答案才能得

分,「跳躍性思考」往往不被正視。這種教育訓練出一群很有效率的職員,但在腦力激盪會議上卻往往不敢發言,硬是被要求給點子,還會心虛地看著長官問:「答案對嗎?」這樣的環境很難有顛覆性的創新。

近年來,智力研究愈來愈重視擴散思維。在人文、理工、藝術或科技領域,學者都發現擴散思維對工作相當重要。同時,擴散思維還是要靠彙整,才能成為實際可行的好點子。畢卡索和所有的藝術家都知道,雖然孩子們有奔放的創意,但藝術對他們是無心插柳的成果。要能夠一次又一次創作好作品,必須靠成熟的技巧和理性的思考。孩子很天馬行空,但不懂得編輯,而藝術品則是兩者兼具才能穩定產出的,也難怪這是藝術家一輩子的功課。

捕捉幸運機會需要創意思考,而創意思考則是擴散思維的發想,加上聚斂思維的整理。當兩種思考系統同步運作,一手撒網,一手收網,就能更容易獲得靈感。

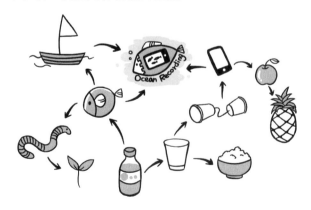

　　但如果連畢卡索這種天才都要練一輩子，我們怎麼能指望自己搞得懂呢？其實，它比想像來得容易許多，但我們要先了解這兩種思考模式的運作差別。

　　我們用聚斂思維模式思考時，需要同時衡量推算很多不同的訊息，所以需要專注。這種專注力的維持在腦部一個叫做腦島（insula）的地方。[4] 專注力像是肌肉，用久了會累，累了就得休息。休息的時候，思想便像脫籠之鳥。這反而是擴散思維的最好條件。許多心理學者相信，做夢也算是一種擴散思維。

　　所以，專心算是思考，不專心也能思考，只是模式不同！根據研究分析，有好幾種擴散思維的測驗項目，竟然是當人比較累，甚至微醺的時候，反而表現更好！[5]

　　你是否曾經有過這種經驗：在聊天的時候，你有一個單字或名字，在腦海裡依稀有印象，但一直想不起來。但繼續聊天，突然一下子，那個名字就「冒出來」了？為什麼會這樣呢？因為雖然我們不去刻意想它，大腦還是在「背景程式」中持續搜尋那個名字。甚至可以說，我們愈專心想就愈想不起來，但不去想它，反而能讓擴散思維在背景運作，找到答案的時候再「通知」我們。

　　當你有個問題想不通時，就讓擴散思維系統來協助吧！先明確寫下你正在思考的問題，讓自己「調頻」到那個問題，然後就交給「背景程式」去處理。出去外面走一走，聽聽音樂，動動身體，接觸大自然，找朋友聊聊天，擴散注意範圍，讓背景程式運作。

當答案出現的時候，那個感覺真的很玄，有如神助。我自己在寫這本書的時候，就時常有這樣的經驗。剛好在為一個題目傷腦筋時，出去找朋友吃飯，剛好就會聽到一個對題的故事，或一打開雜誌，就剛好看到相關的報導。即使理解調頻的概念，每次還是會令我很驚訝。

Try this 13

　　調頻到你要思考的事情，然後去一間咖啡店、書店，或任何有很多雜誌的地方，快速翻閱三本雜誌。任何三本都可以，最好是你平常沒有習慣閱讀的。不需要看得很仔細，快速翻翻就可以，但看的同時，啟動腦袋的「背景程式」，問自己：我現在看到的，跟我所調頻的事情有沒有任何關聯？《梅迪奇效應》作者法蘭·強納森就曾經建議一位媒體集團總裁買三本不同的雜誌，帶到飛機上閱讀。這位總裁因此獲得了許多靈感，隨之吩咐公司主管都要養成這種習慣！

用概念理解做連結

用你已經知道的，來理解你所不知道的。

——理查・沃爾曼（Richard Saul Wurman）

《梅迪奇效應》這本書裡，提到一個很有趣的例子：

在1990年代，一位系統工程師和一位昆蟲學家彼此在一場聚會上聊了起來。這位昆蟲學家專門研究螞蟻如何尋找食物，而工程師則是研究互聯網資訊系統。你很難想像這兩個人要怎麼找到共同的話題！但當昆蟲學家形容螞蟻如何用費洛蒙標示路徑，而比較快找到食物的螞蟻因為較快能夠回到巢內，所以費洛蒙的味道特別強，工程師突然靈光一現：用同樣的原理，或許也能讓網路上的資訊較快找出最有效率的傳輸路徑？十年後，因為這場聚會而衍生的新科技不但用在通訊產業，也改變了歐洲的物流系統，甚至連美國軍方都在爭取授權。

想想，如果工程師說：「喔，你研究螞蟻啊？呵呵，好有趣……對不起，我去一下洗手間……」這一切都不會發生了，不是嗎？他做最「對」的（或者可以說，最「幸運」的）一件事，就是繼續跟這位昆蟲學者聊他的螞蟻，從中理解了概念，並從概念中獲

得連結的靈感。

理查．沃爾曼（Richard Saul Wurman）是 TED 大會的創辦人，今年80歲，有一雙炯炯有神的眼睛。他寫過80多本書，橫跨60幾種不同的主題。他說：「每一個主題在我開始寫之前都是陌生的。為了填滿我心中那好奇的黑洞，為了找到最清楚的方式解釋給別人，促使我去深入了解。」TED 是 Technology、Entertainment、Design 的縮寫，如今是全球最著名的智慧交流平台。

不久前他來台灣，在一場公開演說談到教育和創意，他強調：「用你在一個領域所懂的概念，來理解一個你不知道的領域……這就是創新的開始！」

回想 Auto-Tune 的故事，「地質探測」和「歌手走音」表面上相差十萬八千里，但安迪．希爾德布蘭就是因為了解它們背後有一些通用的概念，才能把這兩件事連結起來，讓一個領域的概念解決另一個領域的問題。

「天文學」和「乳癌」也有一個幸運的關聯。哈伯望遠鏡（Hubble Space Telescope）是一個在外太空運作的光學望遠鏡，花了20年規劃，15億美元打造，終於發送上天後，傳回來的圖片竟然都是模糊的。問題出在裡面的反射鏡，因為一個非常微小的弧度差距，竟然使哈伯變成了一個有近視眼的望遠鏡！要安排上太空維修需要至少三年，於是在這個苦悶的過渡期，負責哈伯的天文學家只好著手研究各種影像處理方式，設法改善圖片的辨識度。

某天，一位學者來參觀時，看到了螢幕上那些模糊的星象圖，發現它們很像醫學界看過的超音波圖片。醫生在看超音波時，也時常因為影像太模糊而無法做正確的判斷。經過了一番協調，這些天文學者和醫生們一起合作，運用哈伯團隊研發的影像處理技術來改善超音波，有了很不錯的效果，大幅增加了乳癌偵測的準確度，讓醫生能夠更早發現癌細胞，也因此救了許多人的命！[6]

這種跨領域的創新其實天天都在發生，不但造福人類，也讓很多人致富。你可能沒聽過他們的名字，但很可能用過他們的產品。他們不一定都是天才，但一輩子有這麼一個Lucky Break，很可能就三代不愁吃穿了！

Try this 14

在日常生活裡，試著問：「為什麼？」每次聽到有趣的事情時，試圖進一步理解背後的概念。說不定你學到的概念，能在自己的生活或事業派上用場。

機會需要時間

想不通一個問題的時候，生氣也沒用。
我會放在腦袋裡，但先去做別的事，
有時候隔了好幾年才會有所突破，
像是我的『黑洞和資訊損失』的理論，等了29年才想通。

—— 史蒂芬‧霍金（Stephen Hawking）

1968年，3M科學家史賓賽‧席佛（Spencer Silver）在研發能夠用在航空產業的強力膠時，意外做出了一個黏度很弱、但可以重複使用的膠水。史賓賽‧席佛覺得這個膠水一定有商機，但始終想不到可以用來做什麼。他不時跟同事們提起這個膠水，包括另一位研究員雅特‧富萊（Art Fry）。這件事擱了很久。某天，雅特‧富萊在教會裡唱聖歌的時候，突然想到可以用這個膠水來固定詩歌本裡面的書籤，這樣書籤不會翻頁時掉出來，膠水也不會傷害紙張，還可以撕了再貼。一個看起來沒什麼用的膠水，終於找到了適合的用途，成為了3M公司最暢銷的產品：便利貼。

但你知道嗎？從膠水發明到便利貼上市，中間隔了整整12年！如果當初史賓賽‧席佛一時看不到商機而就此放棄，或是沒有跟許多同事介紹這個膠水，我們很可能永遠不會有便利貼。幸運的契合需要時間，就如賈伯斯所說：「你無法預測過去的經驗會

怎麼連起來……你必須相信它們會連起來。」

重點是，當你學得愈多，知識愈廣，對愈多事情有概念性的理解，並同時使用擴散和聚斂思維時，這種幸運契合就愈可能發生。

提升觀察力的三個技巧

《幸運的配方》的作者韋斯曼博士曾做過一個有趣的實驗：他給人一份報紙，請他們在短時間內數那份報紙裡一共有幾張照片。多半人花了兩分鐘左右數完，但他們其實可以不用那麼費力，因為報紙在第二頁就刊登了一個訊息：「不用再數了，這份報紙裡有43張照片！」這還不是小小的廣告，而是占了「半版」的大方塊！國家地理頻道在「The Numbers Game」節目中也做了同樣的測驗，結果發現60%自稱「幸運」的人會看到那個隱藏的訊息，但只有20%自認為「不幸運」的人會看到。[7]

為什麼比較幸運的人較容易看到這些訊息呢？有兩個可能：

1. 他們心情比較放鬆，而放鬆時比較容易察覺到當下的改變。這是韋斯曼博士所提出的解釋，也符合之前介紹過的「不注意視盲」（inattentional blindness，打籃球時找猩猩）的理論。因此，我們需要學會放鬆，釋出較多「頻寬」來注意當下的周遭環境。

2. 他們真的有較強的觀察力。這點我們不得不承認：有些人天生細心，觀察力較好。這是他們的天分，而如果能夠恰當發揮，他們可以成為非常厲害的偵探、藝術家、科學家等等。如果你比較神經大條，是否有辦法改善觀察力呢？運用正念心理、藝術和科學領域的發現，有以下三個實際可行的方式來鍛鍊自己的觀察力。

技巧一：品嘗並回味

1982年，36歲的迪克・梅特舒茲（Dietrich Mateschitz）從奧地利飛往泰國出差，當時他是一家德國牙膏品牌的行銷專員。千里迢迢到了泰國，他時差很嚴重，所以當地同事就給了他一瓶當地勞工和卡車司機都常喝的提神飲料，叫「Krating Daeng」。這麼一喝不但幫他克服了時差，也改變了他的命運。迪克・梅特舒茲發現這小小一瓶飲料真有效，於是找到了飲料的發明者，一名泰國老先生，說服他合資把飲料引進歐洲市場。這間公司的名字就是Krating Daeng，英文翻譯為Red Bull（紅牛）。

如今，「紅牛」是全世界最知名的提神運動飲料，每年銷售高達53億罐。迪克・梅特舒茲成為了全球首富之一，擁有F1賽車隊、足球隊、媒體集團等，而他的泰國合夥人許書標（Chaleo Yoovidhya）在90高齡去世時，身價也超過50億美金。這一切的發

生，都是因為某人在迪克‧梅特舒茲疲倦的時候給了他一瓶提神飲料！

想想：如果迪克‧梅特舒茲把那瓶紅牛喝了，隨手把瓶子一丟就趕回去開會，故事很可能就這麼結束了。但他做了一件非常幸運的事：他讓自己感受紅牛的效果，體驗了它的味道，覺得這是好東西，也是值得帶回家分享的好東西。說實在的，紅牛都是維他命的味道，不能說是非常可口，但我相信迪克‧梅特舒茲能夠嗅到商機，是因為他有花時間停下來，好好讓自己品嘗這個新奇的飲料。他自己解釋紅牛的品牌精神時也說：「工作或學習時要盡力，運動時要挑戰極限，而放輕鬆的時候，要意識並品嘗那個時光。」[8]

「品嘗」就是使用所有的感官來充分體驗一件事物，並加以反思，因此而獲得特別深的感觸和印象。我們可能兩、三口扒完一個便當就忘了，但一頓細細品嘗的大餐，會讓我們回味許久。「品嘗」也能讓我們的意識回到當下。滿腦子在想心事的時候，連佳餚也會無味，唯有專心品嘗，才能有最深的體驗，而當我們徹底陶醉在一個經驗中，無論是吃一口甜點，聽一首歌曲，享受一個徹底放鬆的精油按摩……那時候會感到一種「無我」的快樂，暫時忘記煩惱，享受在當下。

在正念訓練中，有一個技巧叫「慢吃葡萄乾」：讓自己用整整一分鐘吃一顆葡萄乾，放進嘴裡，閉上眼睛，感覺它在舌頭上滾

動的質感，輕輕將它咬開，讓裡面的果肉溢出來，品嘗那酸甜的
味道，感受它在口腔內的香氣。這種訓練，既是鍛鍊自己的感官
敏感度，也可以是一種享受！

　　我們在日常生活中忙東忙西，很難有機會好好品嘗。就因為
面前是一個60塊的便當，並不表示我們不能好好享用。很多人覺
得「品嘗」只適合美好的事物，但其實相反：因為我們品嘗，事物
才能變得美好。如果你沒有品嘗的心，即使美好出現在身邊，也
往往視而不見！

　　在美國各城市的地鐵站，都常見一些街頭藝人演出。對大部分
的乘客來說，這頂多是所有噪音中的一點插曲。在2007年，小提
琴家約夏‧貝爾（Joshua Bell）就做了這麼一個實驗，到華盛頓DC
的一個地鐵站，演奏了將近一個小時。在當時，他已經是全世界最
頂尖的小提琴演奏家之一，只要他演出的音樂廳一定場場爆滿，隨
便一張票都要100美金以上。但當他穿著便服，戴了一頂棒球帽，
像是一個「路人甲」出現在地鐵站，拿出一把價值350萬美金的史
特拉第瓦里小提琴（Stradivarius），開始認真演奏就在幾天前在大音
樂廳演出的曲目時，你猜有幾個人會停下腳步？

　　答案：只有一位女士，而那是因為她認出約夏‧貝爾的長相！
在那一個鐘頭的時間內，將近1000人經過約夏‧貝爾的面前，有
些禮貌地丟了些零錢在他的琴盒裡，但多半根本連看都沒看。最
後，這位平時演出費一分鐘高達1000美金的小提琴天王，只賺了

32.17美金。[9]

　　這個有趣的實驗告訴我們：我們只有覺得「應該」品嘗的時候，才會懂得品嘗。但在這樣的心態，我們可能會錯過了太多看似平凡，但其實相當美好，說不定能帶給我們永生難忘的體驗，就像是那唯一一位認出約夏‧貝爾的女士。她從認出約夏‧貝爾之後就一直站在那裡聆聽，直到演出結束，臉上始終掛著超大的笑容。這件事，相信她會永生難忘。

Try this 15

　　做一件你愛做的事情，並且用最敏銳的感官來徹底沉浸在那種享受之中。如果你的嗜好是美食，可以閉上眼睛，細細體驗每一口的味道、質感和香氣。如果你想泡個芳香熱水澡，就去泡吧！但不要在浴缸裡看書，讓自己純粹泡在那裡，感受每一吋皮膚在熱水裡放鬆。如果是運動，則徹底享受你身體每一刻發出的訊號，即使是疲累，那種跟自己身體對話的感覺也是可以享受的。

技巧二：用創意把觀察轉為記憶

　　我在哈佛待了十年，我對校園印象非常深刻的一個地方，是哈佛划船隊的船房（boathouse）。奇怪的是，我不曾參加划船隊，也只有進去過一次，但當我閉上眼睛，卻能夠清清楚楚地看見那個船房的樣貌，好比我自己的宿舍房間一樣。為什麼？

　　那是因為在大四那年，我選修了一堂素描課程，某天教授帶全班去哈佛的船房，叫每個人選擇一個角落，把眼前的風景畫下來。我坐在船房外面，在太陽下連續畫了兩、三個小時，把船房的一磚一瓦都盡量寫實地轉到畫紙上。我也觀察到光影變動下，每個角落的影子的變化，船房延伸出來的小碼頭如何與水面交接，水面上的波紋⋯⋯這麼一堂課，讓這個角落的景象深刻地烙印在我腦海中。

　　人腦是相當環保的工具。當我們進入一個新環境的時候，感官會特別靈敏，注意到特別多，不過一旦我們熟悉了那個環境，大腦就會自動切換「省電模式」，過濾掉所有自認為不重要的細節。舉例來說：你記得一元、五元、十元的大頭像是朝左，還是朝右嗎？我們雖然天天都會用到零錢，但很多人還是得用猜的，因為我們不曾覺得那是重要的細節。但如果我們必須使用這個知識，像是剛剛這個題目，或是在素描課要畫一個零錢的時候，就會特別注意這些細節。每次我們活用觀察，它就會在記憶中再度

加深，也就更不容易忘記了。

　　如果你很容易忘記別人的名字，記憶訓練法有這麼一個技巧：認識新朋友時，聽到他們的名字之後，就用對方的姓名與長相特徵做一些創意連結，例如，如果對方叫「林鑫茂」，眉毛又特別濃的話，你可以想像他的眉毛是很多樹（林），樹上長出許多金色的茂盛葉子。光是這麼做就會把記憶加深，而下次見到對方，只要他沒修眉毛，看到也就比較容易聯想起他的名字了。

　　我曾經在馬來西亞認識當地的一名華僑商人。他的名字是「劉乃好」，當時他這麼自我介紹：「我跟你同姓，而且我最愛喝牛奶，你知道為什麼嗎？因為……牛奶好！」這個冷笑話，讓我至今都記得他，那是十幾年前了！

Try this 16

　　下次你在聚會上認識新朋友，告訴自己：在今晚聚會結束之前，一定要用到對方的名字至少十次。這其實沒那麼難，只要你在交談中，平常如果說：「你在哪裡上班？」就先稱呼對方的名字：Cathy，你在哪裡上班？人都喜歡聽到自己的名字，所以如果你這麼做，不僅會讓你比較容易記住對方的名字，也很可能會讓對方覺得你比較親切。

> # Try this 17
>
> 　　拿一支鉛筆和筆記本，找一個平時常去的地方，花十分鐘素描眼前所見到的一切。你不需要把每個細節都畫下來，也不用擔心自己畫得不好，但一定要花至少十分鐘在這個定點素描。這麼做會促使你必須重新注意到許多細節，培養你的觀察力，也可能幫助你放鬆。

技巧三：觀察出錯的原因

　　觀察力不僅適用在對我們有利的事物，更適用在「錯誤」上！怎麼說呢？

　　我猜你至少有一件衣服是不靠釦子或拉鏈，而是用一塊毛絨絨的布料跟另一塊塑膠布料，互相黏起來的時候扣緊的，撕開來會「滋～」一聲。這種布料在台灣俗稱「魔鬼粘」，英文的全名是 hook and loop fastener，但外國人多半直接以它的註冊商名稱呼：Velcro。

　　Velcro是瑞士人喬治・麥斯楚（George de Mestral）發明的。他某次去森林打獵，回家時發現獵狗身上沾滿了牛蒡的花種。他刷

了半天也刷不乾淨，實在很懊惱，拿放大鏡一看，發現原來每個種子都有許多小勾勾，只要幾個同時勾上狗毛，種子就很難拔下來。他當時就覺得這一定有商機，著手開始研究，十年後推出了Velcro，現在是我們每個人生活的一部分。

喬治·麥斯楚做的最幸運的事，就是當他在為狗狗刷毛很不耐煩時，停下來問「為什麼」，並進一步做了觀察。當然，喬治·麥斯楚本就是一個發明家（他12歲就設計了一個玩具而獲得專利），但我們未必需要他的智力，才能從觀察錯誤來學習。應該這麼說：出錯的時候，也就是最好的學習時候。我們至少要找到出錯的原因，以便能夠改進，說不定也能因此而發現新的機會。

人都不喜歡面對突發狀況，不喜歡改變，尤其當一切都看似順利的時候。但就像我們的身體一樣，如果出現疼痛，就是一個警訊，應該儘早檢查治療。同樣的，當日常生活出現不順時，我們不只要應付狀況，更應該去觀察，並了解背後的原因。做生意也不只是看別人怎麼成功，去做同樣的事情，而是觀察還有什麼問題沒有被解決，並提供解決的方法，才是創新的商機。

人生未必永遠順遂，最幸運的人也有不幸運的時候。但幸運的人能夠不斷從錯誤中學習，讓自己進步，讓下次更容易成功。也之所以，幾乎所有企業大亨的自傳裡，往往都會提出之前的失敗，為後來成功的關鍵主因。我的大學同學Kaleil就是個好例子。他20幾歲時搭上了Dot Com的熱潮，成立了一間網路公司，募資

數千萬美金，但不到兩年就被迫把公司廉價售出，整個過程還被拍成紀錄片，被喻為「網路泡沫的典型錯誤示範」。[10]事後Kaleil痛定思痛，充分理解了造成失敗的種種因素，發現許多公司都有類似的問題，於是他成立了一間顧問公司，專門協助新創網路公司解決背後的財務和營收問題，並幫他們募資，成功帶領了三間公司上市。他現在是一位非常富有的企業領袖。

　　話說「魔鬼就在細節裡」，但幸運的天使也往往就躲在旁邊，等著有緣人來發現！

Try this 18

下次你碰到了不順的事情，停下來觀察：

1. 問題出在哪裡？是否能夠被解決？
2. 如果很難解決，是否有任何成功的例子可以參考，或創新的方法可以嘗試？
3. 如果這個錯誤實在莫名奇妙，看似是個迷，那恭喜！這不僅是個問題，也很可能是個機會，更是要細細研究。

注釋：

1.Frans Johansson, *The Medici Effect: Breakthrough Insights at the Intersection of Idea*, Concept & Cultures. Harvard Business Review Press, 2004。

2.如果你用的是麥金塔電腦，Pages這個軟體中隱藏了當時賈伯斯在史丹佛大學演講的完整文稿！想知道怎麼找？請看這裡：http://technews.tw/2014/08/21/jobs-speech-in-pages/。

3.這種測驗叫alternative uses test。專家評估答案時，會看幾種條件：

- Fluency：也就是你想出了幾個不同的答案。
- Originality：答案多麼有創意（例如「把iPhone的SIM卡壓出來」會比「夾紙」來得有創意）。
- Flexibility：所有的答案橫跨多少不同領域。
- Elaboration: 答案的合理解釋。

4.http://www.nytimes.com/2014/08/10/opinion/sunday/hit-the-reset-button-in-your-brain.html?_r=0。

5.http://healthland.time.com/2012/03/22/how-getting-tipsy-may-inspire-creativity/?iid=hl-main-lede#ixzz1qBnbxH5M；

http://www.wired.com/2012/02/why-being-sleepy-and-drunk-are-great-for-creativity/。

6.http://ipp.nasa.gov/innovation/Innovation41/HubbleFights.html。

7.https://www.youtube.com/watch?v=AqsIZiZTxHs。

8.Teressa Iezzi, "red Bull CEO Dietrich Mateschitz on Brand as Media Company," Fast Company Co.Create, February 17, 2012。

9.http://www.washingtonpost.com/wp-dyn/content/article/2007/04/04/AR2007040401721.html。

10.這部紀錄片「Startup.com」推出時非常轟動，裡面全是真人真事。Kaleil當時的室友是紀錄片導演，原先想記錄公司從草創到IPO的過程，沒想到卻記錄了一個從雲端掉進谷底的慘敗教訓。

part 3

CONNECT
PEOPLE

聯線

不久前的某一天早晨，我在老婆和兩個孩子的陪同下，爬上了我們住的社區樓頂。我架起攝影機，錄下了一段自白，然後取下眼鏡，發狠宣布：「我準備好了！」

如電擊般，一大桶冰水立刻從頭頂倒下，把我瞬間變成一隻急凍落湯雞。而當我溼答答、狼狼不堪地坐在那兒發抖時，千川二寶還笑嘻嘻地上前補了兩杯！[1]

幹嘛那麼自虐呢？相信你猜得出來，這就是前一陣子在新聞上引起熱烈討論的「冰桶挑戰」（Ice Bucket Challenge）：倒一桶冰水在自己頭上，拍成影片上傳網路，並挑戰三個朋友。被挑戰的人有24小時做出回應：接受挑戰拍攝自己的影片，或樂捐給ALS（漸凍人症）協會[2]。

「ALS冰桶挑戰」是一位棒球選手弗瑞茲（Pete Frates）和他的好友奎恩（Pat Quinn）所想出來的點子。他們兩位都在同一年被診斷為ALS患者，知道自己所剩的日子不多，於是紛紛致力於推廣大眾對ALS的關注，希望能促進更多醫療研究。但兩人可能做夢也沒想到事情會發生得這麼快。不到一個月，冰桶挑戰已像跳棋般地翻越了社會各個階層。Facebook創辦人馬克‧佐克柏接受了挑戰後提名了比爾‧蓋茲，而比爾‧蓋茲也不遑多讓，還搭起一個鷹架懸掛一桶特大號的冰水倒在自己身上。[3]一向正經八百的比爾‧蓋茲把自己淋得像隻濕狗實在很好笑，也使原來已經發燒的冰桶挑戰爆紅到國際媒體。

我在《赫芬頓報》（*Huffington Post*）網站上看到了比爾‧蓋茲的影片才認識了冰桶挑戰，而當天剛好要去一個青年領袖營做演講，於是我也就在演講中分享了這段影片，當做「用創意和玩心達到影響力」的案例。沒想到隔天，我自己就被一個朋友挑戰了！[4]

掃描 QR CODE
就有影片可看囉！

當我寫下這些字時，離冰桶挑戰的源起還不過半年的時間，但就在這段日子裡，美國的 ALS 協會就已經收到了超過一億美金的捐款，比之前一整年的募款收入足足多了 50 倍！這還不包括其他國家的 ALS 協會個別獲得的樂捐。冰桶挑戰之前，只有 50% 的美國人聽過 ALS，但現在這個疾病得到了全國的關注。兩個年輕人所想出來的點子，沒有花半毛錢，卻造成了龐大媒體效應，讓大眾認識了這個罕見疾病，還讓全球各個 ALS 單位都獲得許多捐款，真可以說是個幸運的奇蹟啊！它也是個再好不過的例子，體現了「聯線」這個章節背後的幸運概念：

半個世紀前，美國作家威廉‧布洛斯（William S. Burroughs）就曾問：「『語言』是否是個病毒，感染了我們的大腦？」[5] 半個世紀後，網路和媒體見證了這個現象。語言透過網路不但能廣泛流傳，還可以快速變種，從片語到火星文到表情符號（懂的人就 bj4 了！）而且病毒化的不僅是語言，還包括了圖像、視頻、音樂等，形成所謂的「模因」（meme）[6]。模因讓思想有趣味，透過多媒體和社群網路有了感染力，若這個模因又容易被每個人複製分享，

並在過程中加入自己的創意改造，它就符合了病毒化（go viral）的基本條件。

我們通常把「病毒」視為不好的東西，像伊波拉病毒（Ebola）一樣是要隔離消毒的，但假設你能讓好消息也能病毒化，藉由病毒般的傳染方式，導致好事發生呢？我們是否能為自己設計一個幸運模因，在人際網絡中傳播，令人改變思想、採取行動，累積成強大的影響力？

我們不需要假設，因為這已經被證實了：「冰桶挑戰」就是個活生生的例子！我認為這種例子以後會愈來愈多，因為互聯網把世界變成了一個巨大的培養皿，讓我們能更迅速、更無邊境地相互感染。這個培養皿無法密封，也無法全然控制。這當然有風險，但也是個契機。每個人在發揮影響力的同時，也必須有責任感。

在「聯線」這個階段，我將以networking為主題，來探討人脈網絡和交情關係，並結合社群網路的特性，提出一套21世紀經營關係的規則。我們將探討為何你不能過度依賴親友團、什麼才是真正值錢的資源，以及如何用「故事」傳達你的思想，讓你不但更能被注意、被記得，還能被不時想起；讓你的人際關係，能夠成為隨時有貴人相助的幸運網。

注釋：

1.這就是我全家動員的冰桶挑戰影片：http://youtu.be/nGaKHI-3cAw。

2.ALS是一種神經系統疾病，學名為「肌萎縮性脊髓側索硬化症」(Amyotrophic Lateral Sclerosis)。患者會在3到5年逐漸失去行動能力，直到最後連呼吸都無法控制而窒息死亡。但患者的智力不會受到影響，所以當他們的身體壞去，看似成為植物人時，腦袋卻是清醒的。我很難想像比這更慘的遭遇了。醫學至今沒有治療ALS的方法，而且因為是罕見疾病，相對的研究預算也就較少。

3.比爾‧蓋茲的冰桶挑戰影片：http://youtu.be/XS6ysDFTbLU。

4.挑戰我的朋友是IOH（Innovation Open House）計畫的創辦人莊智超。我接受挑戰後也點名了三位：青年領袖營的講師Jason Zeck Lee、肯夢（Aveda）創辦人 朱平先生和天王歌手陶喆。三位也都接受了挑戰，真棒！

5.這個奇想源自於威廉‧布洛斯於1962年出版的小說 The Ticket That Exploded。

6.Meme 的定義是「一個想法、行為或風格從一個人到另一個人的文化傳播過程。」這個詞源自理查·道金斯在《自私的基因》這本書，以生物學中的演化規則來描述文化傳承的過程。

habit 7

LUCK
IS IN
YOUR
STORY

The End

習慣七：多聽故事，多講故事

幸運的人需要好的人脈，但光認識新朋友還不夠；你得建立
好印象，而建立好印象之外，還得讓對方記住你的特點，甚
至主動向別人提起你的特點，造成更多人對你留下印象。而
人人做得到、不需要花錢，又可以有效建立好印象的，就是
「如何說故事」與「如何聽故事」了。

故事是最好的人際催化劑

人生與故事一樣：重點不在於它有多長，
而在於它有多精采。

As is a tale, so is life: not how long it is,
but how good it is, is what matters.

——塞納加（Lucius Annaeus Seneca）

照理來說，《哈利波特》是不該問世的。

JK羅琳雖然從小就熱愛寫作，但家人都勸她別往那麼「沒前途」的方向發展。當她某天搭乘火車時「突然獲得」《哈利波特》的靈感時，還不敢跟人借筆寫下而差點忘記。而當她開始寫作沒多久，母親就過世了，對她打擊很大。她跑去葡萄牙教英文，在那裡結婚卻又很快離婚，帶著小女兒回英國，卻又找不到工作、無法養家，還得了憂鬱症……，當生存都成問題，誰還有時間和心情寫小說呢？

但她還是寫了，即便窮到只剩下一台破舊的打字機，還硬是一個字一個字地把《哈利波特》敲了出來。俗語說，接下來的故事就是歷史：《哈利波特：神祕的魔法石》和六本續集成為了有史以來最暢銷的兒童文學著作，也被改編成極賣座的電影系列。曾經靠失業補助金過日子的JK羅琳，則成為了首位賺進十億美金版稅

的超級作家。**1**

　　她後來說：正是因為感受了徹底的失敗，讓她不再害怕失敗。喪親、離婚、失業……這些遭遇讓她置之死地而後生，而當她下定決心背水一戰時，人生的波折反而轉為動力，心魔轉為靈感。當她描述「攝狂魔」（Dementors）這種怪物如何吸走人的靈魂時，也就是在形容自己罹患憂鬱症的感受。**2** 名作家史蒂芬‧金（Stephen King）這麼說：「《哈利波特》講的是面對恐懼、找出內在力量，並且在萬難之中堅持做對的事情。」**3** 這不就是JK羅琳的個人故事，也是每個讀者都會在人生道路上遇到的考驗嗎？

　　《哈利波特》是JK羅琳的幸運之星，也是我們所有讀者的福氣。一個好故事能夠改變世界，而我們只要善用「說故事」的道理，也有機會改變自己的運氣。幸運需要好人脈，但光認識朋友不夠；我們還得有深刻的交流，讓對方記住我們，也讓我們記住對方。「說故事」和「聽故事」就是深度溝通的最好方法。

為什麼人人都愛聽故事？

一、故事有原始的必要性：

　　一萬年前人類開始群體生活，語言的發展就是關鍵。語言讓人能分享經驗，讓同伴避免危險，例如：「那個紅色小果子不能吃！阿三吃了那個果子，然後就死翹翹了！」「不要過那個山嶺

喔！阿四去那裡追山豬，就再也沒回來了！」人類學者說，這種敘事很可能就是最原始的故事。

　　如此進化到今天，我們的大腦特別擅長理解敘事性的故事，還會有身歷其境的反應。當我們聽人敘述一些肢體動作時，腦部控制肢體的部位也會跟著模擬一遍；當故事的主角在逃跑時，我們在腦袋裡也會跟著跑，甚至還會覺得累。這種感同身受的本能也讓我們體會主角的心情，於是聽到主角戰勝敵人時，我們的大腦也會分泌多巴胺，彷彿自己也戰勝了敵人一樣。我們顯然對「故事」特別敏感，而一般人溝通和慣用的思考模式，也像說故事一樣是敘事性的[4]。

二、故事讓人模擬，並理解複雜的人際關係

　　無論是真人真事還是純屬虛構，一個好故事必須引人入勝，讓人想像自己在同樣的處境，包括各種複雜的人際關係和遭遇。於是，從來沒談過戀愛的少女，卻能從言情小說裡揣測戀愛的感受；不需要有外遇，家庭主婦也能從肥皂劇體驗外遇的心情。透過故事，我們能吸收許多外面的經歷，還可以問自己：「如果今天主角換成我，我會怎麼辦？」借此推演，我們不用做冒險的事，也能從別人的冒險中獲取經驗，這也可以說是一種生存的本能。

　　故事也幫助我們處理複雜的人際關係，理解身邊的社群環境。也難怪愈是熟人，我們愈會對他們的八卦感興趣。在原始社

會裡，八卦可能是一種警訊，也是鄉鄰之間的重要情報，夾著群體的道德觀[5]。到了現代社會，演藝圈的八卦雖然距離生活很遠，但因為主角們都是常見的面孔，我們還是會把他們誤認為熟識，也因此對他們的小道消息難以抗拒。

人愛講八卦，但也很喜歡分享有用的訊息。哪間商店在打折、哪個餐廳有好吃的私房菜、哪支手機值得或不值得買，都算是一種「正面八卦」。只要說的人沒有罪惡感，聽的人覺得有用，就算是正面的訊息交流了。我會在下一篇加以解析這個道理。

什麼是好故事呢？

雖然我們都愛聽故事，但多數人都認為自己不會講故事，也不愛講故事。說故事的藝術看起來很深奧，但只要記住幾個簡單原則，人人都能講出好故事，真的！

原則一：故事要有頭有尾

雖然我們的一生都算是個故事，但流水帳不是好劇情。即使敘述得很傳神，如果故事蔓延無盡，聽眾心裡便會問：「……所以呢？」講故事的時候，最好一開始就設定時間框架，例如「我最幸運的一天」或「那年暑假發生的荒唐事」。這樣子，聽眾就會有心理準備，也會期待知道故事最後怎麼收尾。

原則二：故事必須有衝突、難題或玄機

好萊塢有句箴言：「沒有衝突，就沒有故事」。假如你說：「有個旅店有一間房據說有厲鬼，連旅館客滿時，老闆都從來不讓人住進那間。所以就從來沒有人住過。The End。」那不是很無聊嗎？但如果你說：「有個旅店有一間房據說鬧鬼，從來沒有人住過，直到某天，有位鐵齒的新員工就是不信邪，偷偷跑進那個房間過夜……」這時大家一定會湊過來問：「然後呢？然後呢？」人聽故事的原始動機是為了「生存演習」，所以一定要有衝突、難題或玄機，才能讓人想繼續聽下去，並沿途想像答案：「如果是我，會怎麼做？」

原則三：主角一定要有所改變或學習

如果你聽人大費周章敘述了一段故事，最後結語是：「所以一切都跟原來一樣，一點也沒變。」那豈不是浪費你的時間？我們每天都在改變，而故事除了形容外在的改變，也必須形容內心的改變。在許多經典故事中，主角為了解決衝突而必須面對自己的恐懼；為了克服困難而必須有所取捨；為了解開難題而有所學習。經過了一番波折回到原點，即使安然無恙，但內心已經徹底不同了。我們之所以愛聽故事，也是為了跟著主角經歷整個過程，體會他的感受，並從中有些心得。所以，一個好故事不能只敘述動作，也得描繪主角的心理，才能引起共鳴。

原則四：講故事的感覺大過於細節

我兩歲多的兒子最近愛上一個繪本，叫《超人兔》：

有隻小兔子自認為是超人兔。當媽媽早晨叫他：「起床了，我的小兔子！」，他會回答：「我不是小兔子，我是超人兔！」有一天超人兔去外面玩，跳進一個樹洞，被一根刺扎到了手，飛奔回家大叫：「媽咪～有一個大壞蛋拿長劍刺我！」兔媽媽淡定地把刺拔出來，小兔子又立刻往外衝。兔媽媽問：「你要拿著那根刺去哪裡啊？」小兔子說：「媽咪，這不是一根刺，這是一把寶劍！我要用寶劍去抓壞蛋了，因為我是超～人～兔～！！」

很可愛的故事吧！我們能理解小兔子的誇張，因為小小孩體驗生活的感覺就是那麼強烈，強到時常連真假都分不清。

你是否曾經一覺醒來，知道自己剛做了一場夢，但感覺卻無比真實？我們體驗和記憶生活，也是靠感覺才能夠深刻。在敘述很久之前的事情時，我們時常會受到感覺的影響而自動加油添醋，填入各種虛構的細節，還未必意識到自己這麼做，深信記憶不會騙自己。就像一幅油畫可能比照片更傳神，好的故事不需要很多細節，但如果每個細節都能讓聽眾有所感觸，就能留下深刻的印象。久久之後，聽眾可能早已經忘了細節，但故事裡的感覺一定還會記得。

為什麼我們要為自己寫故事？

如果你想自我介紹，最平易近人的方式就是說一段有關自己的故事。

如果你覺得這樣顯得很刻意或太「公關」，請讓我進一步解說背後的想法：

假如你今天去面試一份工作，對方問：「你覺得自己的優點是什麼？」「請分享你做過最成功的案子？」「你覺得自己適合在團隊裡扮演什麼樣的角色？」每個問題雖然都能直接回答，但你至少也得解釋自己的答案。如果你懂得怎麼說故事，你的答案不僅會聽起來更生動，也會更有說服力、更容易留下印象。

對於「自己的優點是什麼？」假如你回答：「我的反應很快！」你就應該敘述之前碰過什麼突發狀況，因為你的快速反應而解除了危機。

對於「之前最成功的案例」，除了形容案例的成功之外，也應該敘述你當初所碰到的困難，並如何克服了那些困難，讓案子進行得順利。

對於「團體中適合扮演什麼角色？」無論你回答「領導」、「救火隊」或是「工蜂」，都最好以一個簡單的故事來補充描述，會更讓對方理解你的個性。

而假如今天是一場約會，那講故事就更重要了！故事不但能

讓對方認識你，還能當娛樂、避免冷場。一個好故事能讓聽眾感同身受，而我們約會時，不都希望對方「對我們有感覺」嗎？相對來說，懂得如何讓對方講出自己的故事也很重要（這就是聽故事的藝術，等會再聊）。

無論你今天身處雞尾酒會，還是燭光晚宴，要臨時上台致詞或跟一群老友扯淡，懂得說故事就能讓你應付各種場合，克服社交恐懼，說不定還讓人家對你刮目相看，有好機會就能想到你！因此，我呼籲你鍛鍊一下說故事的能力，會對你的社交生活有很大的幫助。

來自好萊塢的故事撰寫祕笈

好，如果你覺得想要試試看，但不知如何開始，不用擔心！故事其實沒那麼難寫，還有公式可循！這個公式來自好萊塢名氣最大、成績最好的動畫製作團隊：皮克斯動畫工作室（Pixar Animation）。早在「玩具總動員」之前，他們僅僅用個簡單的桌燈和一顆球，就能繪出一段可愛溫馨的動畫，還獲得奧斯卡最佳短片提名，功力不僅在電腦動畫技術，而是在說故事的藝術。

這個「萬能故事大綱」，就出自於皮克斯動畫工作室的資深編劇：

從前 _____，

有一天 _____，

於是 _____，

但是 _____，

然後 _____，

這時 _____，

最後 _____，

從此之後 _____。

這是一個填充題，我們逐句來看：

從前 _____，

幾乎所有傳統童話故事一開始都是「從前從前……」，後面則介紹主角：

「從前從前，有一個少女，住在後母家，被兩個姐妹欺負……」

你可以隨便用「昨天……」、「上個月……」、「那一年……」開始，後面填充的就是主角的介紹。這段開場所敘述的，就是「當

故事開始發生前的世界」。

有一天 _____，

「有一天，王子在城堡舉辦了盛大的舞會，邀請所有適婚女孩參加，全國的少女都欣喜若狂……」

在「有一天」後面填充的，就是讓故事開始發生的「起因」。他可能是突然發生的一件事，或是主角自己採取的一個行動：「我每天離開辦公室都習慣往右走。有一天，我決定往左走，看看巷子裡到底有什麼……」或大或小，這個起因造成了一連串的變化，也就是故事正式的開始。

於是 _____，

「於是，後母把自己的兩個女兒打扮得花枝招展，派馬車送她們去城堡……」

發生了第一件事，就當然會萌生後面的劇情。觀眾必須知道這裡發生的事跟之前的起因有什麼關係，而且應該合情合理。

但是 _____，

「但是，後母卻把可憐的少女關在家裡，不准她出門。天上的仙母聽到了少女的哭泣而憐憫她，魔杖一揮，少女立刻身著高貴靚麗的禮服，老鼠和南瓜則變成了馬車和駿馬，準備載少女參加王子的舞會……」

每個故事都要有衝突，我們因為衝突感受到主角的困境，可能因此而同情他，想看他如何化解這個衝突。「但是」後面填充的，就是主角所面臨的困境，以及之後所發生的事情。

然後 _____，

「然後，少女到了舞會，王子對她一見鍾情！他們兩人一起共舞了一首又一首，都忘了時間……」

這段就是故事繼續的發展。在這裡結束故事雖然有頭有尾，但還是略顯薄弱。若要繼續發展，可以再加幾段「但是 _____，」和「然後 _____，」讓主角的困難變得更大條、衝突變得更激烈，會讓人更想聽下去。

到現在，你應該猜出我舉的例子是哪個故事了吧？所以你也

知道，接下來還有好幾個「但是……」要發生呢！

　　經過了好幾個「但是……然後……」的情節，故事準備要結束了，但這往往也是最大的難關，就像是打電動最後必須擊敗大魔王一樣。在《灰姑娘》的故事，當少女趕在午夜前回家，遺失了一隻玻璃鞋，王子尋遍了天涯海角，最後來到了灰姑娘的家，但是（是的，還有一個但是！）壞心腸後母絆倒了使者，讓玻璃鞋摔碎了！怎麼辦呢？我們來到了關鍵的一刻……

這時 _____ ，

　　「這時，灰姑娘拿出了另一隻玻璃鞋。原來她一直保存著！王子驚嘆：『原來妳就是讓我一見鍾情的公主啊！』」

最後 _____ ，

　　「最後，王子娶了灰姑娘，後母氣到厥過去了。」

　　衝突化解之後，事情怎麼收場的，就是這段劇情的敘述。但最後還有一段：

191

從此之後 _____ 。

在童話故事裡，這就是典型的「……從此過著幸福快樂的生活！」當然啦，真實故事不會那麼俗套地美滿。這句話的目的是讓聽眾了解「主角的改變」，也就是說，經過了那麼多曲折，主角有了什麼學習或領悟？因為這個學習，他有了什麼深切的改變？也許「從此之後，我每天離開辦公室都往左走了」，或是「從此之後，我再也不敢亂吃布朗尼蛋糕了！」你可以處理得輕描淡寫或誇張爆笑，但對主角一定要有所交代，因為你的聽眾會期待知道這個重點！

Try this 19

首先，問自己：「你最大的優點是什麼？你希望剛認識的朋友都知道你有的特點是什麼？」

或者，你可以問自己：「你有什麼特質，假如全世界都知道的話，能夠讓你與人相處更自在融洽、更能讓你開心做自己？」

如果這都很難回答，試試看：「你最受不了什麼？你碰到什麼事，一定會想採取行動改變現況？」

寫下你的答案，一句就好。然後，從自己過去的經驗裡找出一個例子，構思成一段故事，來解釋你的答案。

舉個例子：我有個朋友N，以前曾經在餐廳當過服務生，那是一間咖啡簡餐店，各種客人都有。某天，一位小有名氣的名模（我在此就省略她的名字）來到店裡，許多店員都很仰慕她，大家都很興奮，不料這位名模在電視上和藹可親，本人卻傲慢霸氣，對服務生態度很差，餐點到了又送回去，嫌東嫌西，還對服務生冷言嘲諷。小妹把盤子端回餐廳時，眼眶都泛紅了。N看了很氣憤，端起一杯咖啡，走向名模那一桌說：「××小姐，實在不好意思，我們仰慕您許久，這是我們的招待⋯⋯」名模抬起頭來，很不屑地看著

tips

當你在想自己的故事時，請記住這三個重點：

1. 不需要四平八穩，但一定要 be yourself。我們不可能讓全世界喜歡我們，但寧可身邊的人都喜歡真正的我們。

2. 故事可以劇情化，但不能說謊，更不能無中生有。假如你的故事後來被發現是捏造的，對你的傷害就不是輕易能補回來的了。

3. 自嘲很好，但不要貶低別人，除非劇情合情合理。懂得自我調侃的人永遠比自以為是的人受歡迎，懂得反省的人更是如此，所以記得最後解釋：故事的主角學到了什麼教訓，有了什麼改變？

他，這時Ｎ突然滑了一跤，整杯咖啡騰空飛起，直接「啪！」一下落到名模身上！名模踩腳尖叫，花容失色，店長衝出來道歉，當場指著Ｎ吼說：「你被開除了！」那一桌沒付錢就氣沖沖地離開了咖啡店，但她們一走，全場服務人員都為Ｎ鼓掌，店長也悄悄跟他說：「我會幫你介紹到我朋友的餐廳。這頓算我的！」

聽完這個故事，你覺得Ｎ有什麼特質？他受不了自以為是的人、會為朋友打抱不平、有點調皮狡猾，無論你是否覺得他這麼做是「對」的，但喜歡這種個性的人（像我）就格外欣賞。後來我們成為了好友，我也的確發現他是這樣的人。

如果你真的沒梗

每個人都有無數個好故事，自己也就是個好故事，但若你絞盡了腦汁還想不出一個值得分享的經歷，以下有幾個題目來讓你暖身。隨意選一個來開始想，靈感也就會跟著來了：

- **你遺失了一個很重要的東西，一個你自認丟了會不得了的東西。但在你尋找的過程中，你逐漸發現那個東西並沒有你想像得重要，而後來你獲得的，反而是完全意想不到的。**
- **你曾經很害怕某件事情，但某天你不得不面對那個恐懼。在過程中，你學到了什麼？你克服了恐懼嗎？對你造成了什麼**

改變？

- 你曾經很喜歡／討厭一個人，但經過了一陣子的相處之後，你發現他們完全不是你當初想像的那樣。有關自己的直覺，你從中學到了什麼？
- 你過了一個超糟的一天。到底發生了什麼事？你如何克服那些困難？那天結束時，你是如何入眠的？是什麼心情？
- 以前某人跟你說了一些事，你一直把它當真，直到某天你發現原來事實不是如此。怎麼辦？你如何調適自己的心情？

什麼時候說故事

好，寫完了，然後呢？你可能一輩子都在聽別人講故事，很少自己說，這時要踏出第一步可能很彆扭。你或許可以先從身邊的人嘗試，講給親人或摯友聽聽，讓你習慣說故事的感覺。你想用自己的貓或一面鏡子來當聽眾也行，但最好的練習，莫過於直接在一群人聊天的時候勇敢跳進去。

聊天像是一場接龍，話題衍生話題、一個關鍵字可能立刻讓談天內容轉向，但還是需要有個銜接的邏輯。如果今天大家在聊高科技，突然你講一個農場的故事，那肯定會讓人滿頭霧水，除非你的農場故事跟科技有關。但如果今天話題剛好轉到「渡假」或「踏青」，那你的農場故事就順理成章，這時只要等上一個人講完

故事，你就可以找個機會接球了。

而當談天舞台是你的，要把握時間！把故事講得精采，讓大家聽得起勁，並見好就收。基本上，聊天的人數愈多，你的故事就愈該簡短，最好一、兩分鐘就能講完，做個明確的ending，再把舞台交給別人。

聽故事的藝術

我在之前做的幸運調查研究中，置入了這麼一個問題：

當我與其他人對話時，比較常講話的是：
自己　　1　　2　　3　　4　　5　　對方

我想知道的是，一個人的溝通方式，是否與他的生活滿意度有所關聯。結果顯示，愈是常讓「對方」說話的人，在「人際關係滿意度」、「家人相處滿意度」、「學業事業滿意度」等項目中，分數也會較高。相對地，聊天時較常自己說話的人，在那些指數的滿意度也較低。由此得到的結論是：多聽少說乃是王道！開口就言之有物，大多時候把舞台留給別人，這樣給人的印象最好。

「聽」的確是一門藝術，也是一種禮貌。交談的基本原則就是「尊重」。給對方發表意見的機會，尊重對方的時間，也尊重對方

的故事。

你是否有過這種經驗：在一群人聊得很開心的時候，你正開始講一個故事，突然被人打岔，話題一轉，結果大家完全忘了你剛才在說的故事而繼續聊下去。那應該很不是滋味吧？有些人會因此而跟打岔的人結下大梁子，無論對方是有心，還是無意。

下次你在聚會上，若發現有別人被打斷，故事講一半就被大夥忘了，可以直接對剛才發言的人說：「對不起，你剛才好像才講到一半，可以繼續嗎……？」這時候，對方一定會心中很感謝你，也一定會對你留下好印象，因為他感受到了你的尊重。

練習「主動肯定式」聆聽

聽故事時，每個人都會有語言和肢體上的回應，例如一面聽，一面點頭，發出「嗯哼」之類的聲音，而點頭所傳出的訊號不僅是「我在聽」，也是用非語言方式與對方契合。如果你曾經跟人聊天時發現對方完全沒動作，或當你沒說話的時候，對方還在猛點頭，一定會覺得怪怪的。當我們聽別人的故事時，要記得保持開放的肢體語言、給予回應、將心比心地交談（有關肢體語言，請見習慣一：傳送幸運的訊號）。

我們來做個模擬情境：假設今天朋友很興奮地跟你說：「嘿，告訴你好消息，我升官了！」：

一、你回答:「你是不是瘦了?」

這叫「被動否定式」,不但不對題,還完全不肯定對方的好消息。這等於刻意潑對方一頭冷水。

二、你回答:「那你是不是壓力更大?以後還會有時間聚餐嗎?」

這叫「主動否定式」。你主動對他的升官多問了一些問題,卻是較負面的語言。這雖然顯示了你的關心,卻否定了對方的喜悅感(許多家長似乎慣用這種回應方式)。

三、你回答:「哇、好棒、恭喜!今晚給你請客了!」

這叫「被動肯定式」,應該是個不錯的回應吧?你肯定了對方的感覺,也幽默了一下,算是滿得體的,但其實還有一個更好的回應方法。

四、你回答:「恭喜!你一定很興奮吧?老闆怎麼告訴你的?聽到的時候是什麼感覺?」

這叫「主動肯定式」,因為你不但肯定了對方的感受,而且主動用問題給對方更多機會分享。朋友會告訴你好消息,一定是因為他很想跟人說。就讓他多說,並成為你們一見面就可以聊很久的話題。這種回應方法就滿分了!

　　有些人孤言寡語，有些人話匣子打開了就關不起來，但無論如何，每個人心裡都有一番故事。

　　下次跟朋友聊天，就可以試試看「主動肯定式」的對話，把他們心裡的故事導引出來。首先肯定對方的感覺，讓他們覺得自己的故事受到尊重，然後主動問一些問題，讓對方更深刻地描述自己的心情。如果他不知如何陳述或不好意思分享，你可以幫他釐清思緒，把事情的前因後果講清楚，並正視他的情緒反應，而不是一開始就帶著批判的眼光。這不但顯示你尊重他，其實也幫助你進一步了解他。但如果你發現對方講不出個所以然、反應不太合理，甚或是開始退縮閃躲的話，那可能就要提高警覺，因為故事背後可能不那麼單純！

成為你自己的故事

　　學習說故事可能是這本書最高難度的技巧，但只要你認真嘗試，一定會愈來愈上手，也一定會愈來愈有魅力。故事能夠激勵人心、改變觀念、影響行為、創造夢想，懂得用故事來傳遞自己的想法，絕對是打造幸運和人際關係的好方法。

　　最後，一句忠言：英文說「行動比說話大聲」（Actions speak louder than words）。你所說出的故事以及讓世界認識的自己，也必須與你的所做所為相符。如果被發現「說一套、做一套」，那你

的故事原本有的正面效果則會立刻成為負面效果。但如果你能以行動實踐自己的故事，別人對你的信任則會更加深刻。

不久前我去新竹演講，邀請我的經理對我特別親切。活動結束後，他才說多年前，他還只是個小職員的時候就曾經接待過我。當年高鐵還沒通車，演講結束後，他自己開車把我送回台北。他說：雖然我當時顯然很累，但還是一路陪他聊天，讓他覺得很感動。我很慚愧竟然把他忘了，畢竟時隔多年，我們只見過一次面，但以當年「創造雙贏的溝通」這個講題來說，我的行為顯然讓他感受到我對溝通的重視，也多年後有緣再見。這不是個幸運的結果嗎？

所以，講故事很好，「成為自己的故事」更好！下一篇，我們則要把「語言」的技巧，繼續延伸到「力行」的方式，教你如何建立自己的幸運人際網。

注釋：

1.《富比世》，2004年。

2.JK羅琳在哈佛的致詞是我看過最棒的畢業演說。請給你自己十幾分鐘的安靜時間，聽完這場充滿了幽默和智慧的演講，你一定會有所收獲的。https://www.youtube.com/watch?v=JqFBTd4PA0U。

3.這個網路上廣為流傳的發言，據說出自美國暢銷作家史蒂芬·金，但未能確實考證。我引述這句話是為了其義而非其人。其實原本的完整句子是比較《哈利波特》和後來在美國曾經紅為一時的小說系列Twilight。原文為：Harry Potter is about confronting fears, finding inner strength and doing what's right in the face of adversity. Twilight is about how important it is to have a boyfriend。

4.這個理論和背後的研究在這本書中做了很易懂的概論，假如你想要深度了解如何寫出更好的故事，非常推薦閱讀：《大小說家如何唬了你？一句話就拐走大腦的情節製作術》，麗莎·克隆　著，大寫出版，2014年。

5.而且研究也顯示，人會用八卦做為一種集體的社會懲罰，對於喜歡的人比較不會八卦，或八卦時感到內疚，但不喜歡的對象則會促進惡性八卦。「不喜歡」的心態很複雜，從欣賞到羨慕到嫉妒到憎恨，時常只有一線之間，也是為什麼有些光鮮亮麗的名人爆出不堪事件後會一下子被撻伐到谷底。

HOW TO GIVE AND RECIPROCATE

習慣八：以利他的心態交友

幸運機會是人創造出來的。當人選擇跟你交涉，那就是機會。
當他們不選擇跟你交涉，你就少了這個機會。而當所有人都不
交涉，每個人就僅有眼前的資源，但當許多人互相交涉合作，
每個人的資源都變多了。互助是社會的基本盤，若你想要在基
本盤上變得更幸運，就要知道如何分享你的資源。

矽谷不為人知的祕密

你知道為什麼「矽谷」叫「矽谷」嗎？不是因為那裡產矽，而是因為矽晶片和電腦產業都從那裡起家。

矽谷的崛起，有一個關鍵人：威廉‧夏克萊（William Shockley）。他是一名電子物理學家，在MIT修得博士後，與兩名貝爾實驗室（Bell Labs）的同事發明了電晶體，三人共同榮獲1956年諾貝爾物理學獎。他在加州的山景鎮（Mountain View）成立了「夏克萊半導體公司」（Shockley Semiconductor），專門研發製造矽晶片。山景鎮離史丹佛大學和加州理工學院都不遠，比較好找人才，而夏克萊也確實很會找人才。當代物理系和電子科系的明星學生，都紛紛成為了夏克萊半導體公司的員工。半世紀後，這些老員工在聚會上會說，威廉‧夏克萊才是真正把「矽」帶進「矽谷」的人。[1]

奇怪的是，矽谷成為現代傳奇，但這位「矽谷之父」卻被遺忘。如今，夏克萊半導體公司的舊址是一個蔬果市場。威廉‧夏克萊79歲去世時，守在床邊的只有他的第二任妻子，自己的孩子們看到訃告才知道父親已走。這位半導體創始鼻祖，竟然如此黯淡地離開人世。

究竟發生了什麼事？

問題就出在威廉‧夏克萊的個性。他是個聰明透頂的科學家，但也是個自私又詭計多端的人。其實電晶體主要是兩位貝爾

實驗室的同事發明的，威廉‧夏克萊的實際貢獻不大，但他暗自做了一些設計調整後便向媒體發布消息，搶盡了版面，讓外界認為他才是主要發明者。這兩位同事從此拒絕再與夏克萊合作，而夏克萊也不肯道歉，成立自己的公司之後，還挖走了許多貝爾實驗室的員工。

在夏克萊半導體，威廉‧夏克萊一再證明自己是個了不起的研究員，但卻是個糟糕的經理。他不僅獨裁，而且陰險，喜歡玩弄人情，製造內鬥競爭。幾位高層工程師實在看不下去了，決定集體離職。威廉‧夏克萊暴怒，稱他們為叛徒，與這些員工反目成仇。這八位叛徒本來想遠離矽谷，後來找到了一位金主：謝爾曼‧費爾洽（Sherman Fairchild），成立了「飛兆半導體公司」。這間公司獲利驚人，造就了第一代半導體大亨。這「八位叛徒」後來展翅高飛，分別開了65間不同的公司，其中就包括了當今的半導體龍頭老大：英特爾（Intel）。

威廉‧夏克萊只能咬牙切齒，看著自己的員工一一離去。他網羅了最好的人才，一手打造了電子產業快車，最後自己卻被留在月台上。[2]

威廉‧夏克萊的故事，應該成為每個創業家的警惕：儘管你有超人的天賦，但不會做人，也等於浪費了自己的運氣。我們也不得不佩服謝爾曼‧費爾洽。其實他對半導體沒什麼概念，自己大學都沒畢業，但就憑天生好奇、愛四處玩樂、廣泛交涉，透過朋友間接

認識了「八位叛徒」。他說,當初投資做半導體,只是因為他覺得這幾位工程師很有熱忱,豈知這麼一做,挖到了大金礦!

　　一個人的運氣,絕對跟處事待人的方法有極大的關係。在這篇,我將解釋什麼樣的待人方式最有可能為你帶來幸運的效果。

你,是什麼樣的人呢?

　　我們來玩一個遊戲:

　　我給你一百塊,讓你跟另一個人分。這個人你不認識,以後也不會再見到他。對方知道你有一百塊,但分他多少錢完全由你決定。他可以接受或拒絕你提出的金額,若接受則交易完成,但若他拒絕的話,你們兩人都拿不到錢。

　　你會分給對方多少錢呢?先寫下你的答案,我們再繼續。

最後通牒賽局

　　這個遊戲叫「最後通牒賽局(Ultimatum Game)」,由學者發明,用來測試行為經濟學的理論。

　　照常理來說,分錢的人(稱為賣方)應該給自己留下最大利益。對拿錢的人(買方)來說,無論對方給多少錢都應該接受才對,因為如果拒絕的話,就什麼也拿不到。傳統經濟學會這麼推

測，但試驗結果並非如此。

實際上，超過四分之三的賣方都會選擇與對方平分或只給自己多一點點，而對方基本上都會接受，但只要賣方分得很不平均，買方就很可能拒絕。當賣方選擇自己留80塊，只給買方20塊的時候，絕大部分都會被拒絕。買方寧可什麼都不拿，也不願接受那麼不公平的待遇。

「最後通牒賽局」在全球各國都做了實驗，結果都差不多。當學者在印尼用一百美金當籌碼時，連70：30的分配都時常會被買方拒絕，即便在當時的印尼，美金30塊是許多人兩個星期的工資[3]！

這告訴我們什麼？**人重視公平的待遇，時常勝過金錢。**

後來學者又設計了第二回合：

假設你是買方，實驗者給你一個選擇：你可以跟「賣方Ａ」平分12塊美金，或跟「賣方Ｂ」平分10塊美金。你跟賣方Ａ和賣方Ｂ之前都交涉過，而上次交易時，賣方Ａ比較善待他自己，而賣方Ｂ則對你比較公平。你會選擇跟誰平分呢？

照理來說，人們應該都會選擇賣方Ａ，因為分到的錢會比較多，但研究顯示80%都會選擇賣方Ｂ。換句話說，大部分的人寧可自己少拿一點，也不願意跟賣方Ａ交易，等於「間接懲罰」了之前比較自私的人。

公平就是最高原則

「你對我好，我也會對你好一點」是社會的基本規則。「你現在占我的便宜，改天我就給你好看！」也算是基本道義。人之所以能結為社會，都是靠這些規則，甚至有研究顯示「回報」和「互助」的觀念很可能是人類天生就具有的本能。

所以，要培養人際關係，「公平」就是最高原則。忘恩負義、自私吝嗇的人可能一時過得很好，但一定過得很累。當他們成功時，招來的不是好感，而是嫉妒；當他們失足時，別人不一定會伸出援手，倒是很可能踹上一腳。當然，狡猾計量也可以讓人成功，而特別厲害的人能奪得許多權利，為自己帶來看似幸運的人生，卻消費別人的幸福。如果你想效仿這種人的「運氣」，那對不起，我無法幫助你。我所深信的、也是這本書的核心觀念，就是：

幸運的機會往往來自於他人。
當他人選擇與你交涉，就有了機會。
當他人不跟你交涉，就少了機會。
當大家都不合作，每個人就僅有自己的資源。
當大家都互相合作，每個人的資源都變多了。

這就是互利的概念。換句話來說，我不想討論如何在有限的資源中，奪得最大的一片蛋糕，而是如何運用無限的連結關係，做出一個更大的蛋糕。

比互利更有效的處世方法

美國企業講師亞當‧格蘭特（Adam Grant）在他的經典著作《給予：華頓商學院最啟發人心的一堂課》這本書中，把人分為三種：

一種人叫takers。他們永遠把自己的利益放在最先，也不願與別人分享，可以說是典型的「唯我獨尊」、「你死我活」的態度。每一個社會都有這種人，但還好只算少數。

另一種人叫givers。他們與takers相反，永遠為別人著想，甚至勝過為自己著想。他們樂於奉獻自己，而幫助別人時，未必心想：「這能為我帶來什麼？」而是「沒對我不利，為何不做？」所以，givers只要覺得對別人的好處多過於自己的不便，就會願意幫忙。這種人也算少數。

第三種人叫matchers。他們的心態很簡單：「你對我好一點，我也對你好一點，但若你欺負我，我也不會讓你好過。」社會上大部分的人都是這種。他們有點自私，但不會太自私，最講究的是公平。

以這三種人格類型來做分析，亞當‧格蘭特發現無論在職

位、收入，或社會地位等等條件來說，takers都比matchers混得好，因為takers會為自己爭取更多權利。Givers往往下場最慘，不但犧牲了自己，成就了別人，還時常容易受騙。但亞當·格蘭特也同時發現，那些發展最好、最成功、最富有的人士，往往也都是givers。也就是說，givers有M形的兩極化命運，不是很好，就是很糟。這如何解釋呢？

Givers雖然一開始比較吃虧，但後來會愈來愈好，因為他們的好人緣逐漸有所回報。以一個比利時醫學院的研究為例：成績最差的醫學院學生往往是givers，但只有在第一年是如此；第二年，givers的表現已經追上了同儕，而且效果逐年增加。到了畢業時，許多givers的成績已經大幅領先同儕了。這是因為醫學院一開始注重「念書」，而givers可能花時間幫同學而因此考試成績較差，但到了後面，醫學院的訓練講究「合作」，尤其當這些學生開始去醫院實習時，人際關係則變得更加重要。這時，givers的人緣就成為了絕對的優勢[4]。

問題是，givers不是很好，就是很糟。如果你個性大方，要怎樣才能獲得善報，而避免成為「濫好人」，把自己奉獻光了，卻什麼都沒得到呢？

我們應該都認識一些濫好人（搞不好自己就是），所以關鍵問題應該是：該如何增加giver的好效果，並降低「副作用」呢？

答案在於我們如何看待「資源」。

新經濟的資源新詮釋

當資源很少的時候，人們理所當然會較自私。但當資源多的時候，連猿猴也會懂得分享，還會懲罰自私的夥伴[5]。猿猴會，人類更是會！

有些資源看似無限，但其實是有限的，例如：

物資：你給別人多一點，自己就少一點，而且愈是稀有，或愈是生活必須用到的資源，就愈有價值。

信用：個人信用和名譽是需要長時間累積的，不能輕易揮霍，所以我們不能隨便幫人背書做保，就是因為個人信用一旦損壞就很難修復，所以是相當有限的資源。

時間：每個人一天都只有24小時，我們選擇做一件事，就無法做另一件事，所以如何花時間，是現代生活的關鍵。時間不是免費的，反而是最值錢的社會資源！

體力：儘管你覺得自己精力旺盛，但每個人遲早都會累。精神和注意力也算體力的一種。我們工作一段時間都必須休息，就是因為體力有限。即使玩耍、做愛做的事情也有體力的極限，超過就會停擺。所以，自己的體力也是必須小心規劃的有限資源。

相對來說，有些資源看似有限，但它們不僅能輕易再生，

還能透過互相牽連和合作關係而倍增，因此我稱它們為「無限資源」，例如：

人脈：你所認識的人，是你的個人財富，但今天不會因為你介紹了兩個人認識，就減少了自己的人脈。因為這兩個人的互聯可能導致更多人認識，反而會增加你的人脈。

知識：知識可以有很高的價值，像是專利或商業機密，但知識本身不會用掉就沒了，反而會愈用愈多。所以，它是一個高價、卻無限的資源。

創意：好創意也很值錢，但並不表示它有限。創意可以源源不絕，而且當創意被散播活用，還可以衍生更多創意，所以也是一種無限的資源。

好感：這比較抽象，但如果我們想想，好感本身是一個心理動力，可以促進行動，而且也有感染力。一個人可以散播好感，讓一群人都獲得好感，也增加集體行動力。這在社會中絕對算是一種資源，而且每個人都有能力製造。

對於有限的資源，我們應該當個matcher，以「公平」為最高原則。對於無限的資源，我們則可以輕鬆當個大方的giver，以「利他」為原則，甚至不需要指望有什麼對等回饋，反正無限資源多的是，不怕被用完！

　　若能如此看待資源，我們就能清楚判斷該怎麼做了。問題就是，在現在的社會裡，很多人把這關係搞反了。他們把時間和精力當做無限資源給予別人，導致最後沒時間給自己。但同時，他們可能又把創意和人脈當做自己的寶貝，捨不得分享，卻又沒機會充分利用。

　　在以前的社會，這個資源價值觀未必能成立，但因為資訊革命後的「新經濟」崛起，我們就必須重新思考資源的關係。以前的人脈確實有限，因為每個人時間有限、資訊不流通，要認識一個人並不容易。但現在有了社群網路，人與人之間的連結變得更透明，要聯絡上一個人不難，難的是博得對方的信賴，所以「個人信用」就變得格外值錢。

　　以前，創意和知識的確有很高的價值，但如今這些都唾手可得，還可以被無限複製。音樂產業就是典型的例子：當聽眾不再買 CD 的時候，音樂就無法用傳統方式獲利。現在的藝人反倒希望很多人聽到他們的音樂，哪怕是免費，只希望聽到而喜歡的人會願意付高價聽他們的現場演出。因為「時間」和「體力」無法複製，因此藝人的創意雖然無限供應，但現場演出的加碼卻能提高。

　　我並不是說現在的智慧財產都應該免費，而是要重新思考它的價值。如果你今天發明一個東西，申請了專利，你的 idea 本身可能無價，但你花時間來描述、實驗和研發這個點子，就有絕對的價值，也應該為此爭取該有的利益。「使用者付費」模式也相當合

理，但如果你的定價太高，使用者也會少，而侷限了自己的發展。

這就是「新經濟」的新遊戲規則：我送你創意、知識、人脈和好感，回收的是時間、關注和支持。Open source 軟體設計師把最寶貴的創意送給大眾，換來大量的鐵桿粉絲，甚至能左右產業趨勢。Facebook 送你人脈，也給你建立人脈的工具，換來的是使用者的寶貴時間和專注力，讓他們成為最有效的廣告平台。

所以，我們對於自己所掌握的有限資源應該謹慎而公平，不用貪心，但也不要把自己累倒了。而對於無限資源，我們可以多多利他，例如介紹好朋友認識、以專長給予寶貴意見、幫別人動腦想幾個點子。這些都不用花錢，卻可能為對方帶來很大的幫助。

而如果對方問：「我該如何感謝你呢？」你可以瀟灑地回答：「不用謝！」

他們可能不會當下回報，但一定會記在心裡。某一天，天時地利人和，他們也許會為你帶來意想不到的幫助。而且，當你時常有助於人而不求回報時，我敢保證，連睡覺時也會有人講你的好話。

給予關鍵的幫助：三個有效的 Givers

我搬回台灣工作已經有13年了，一路獲得了許多貴人的幫助。我想特別在這裡介紹三位貴人，不僅僅因為他們給了我很大的協助，而且從他們的為人處世中，我也看到了giver的模範風格。請讓我以當年認識他們的順序來一一介紹：

第一位貴人是王治平老師。許多人現在知道他是名歌手王若琳的父親，而他早在音樂圈就是一位了不起的資深製作人。當初認識他，是因為一個獨立音樂製作案。他聽了我的編曲之後，特地來到我當時又小又擠的個人工作室，給予我許多意見，之後又介紹了好幾個大案子讓我執行，包括幫故宮博物院首次製作的動畫影片譜曲，讓我獲得寶貴的經驗和收入。王老師本人像個大男孩，最喜歡找新銳音樂人一起jam，並樂於把這些年輕人介紹給唱片圈的前輩們認識。好幾次當我碰到製作上的難題，例如需要某種樂器的演奏者或歌手，只要給王老師打一通電話，他都能立刻想出最佳人選。王老師「利他」的方式，就是給予他的意見和人脈，並為新人創造機會。他每年過生日都會邀請各界好友來慶祝，這時就看出他了不起的人脈，因為場內從素人到巨星，從小伙子到老咖，大家都跟他一樣親切地互動，完全沒有距離感。

就在某年的生日聚會上，他介紹我認識了陶喆。後來我和陶

喆成為了好友，還擔任了陶喆巡迴演唱會的音樂嘉賓。話說當年陶喆還在LA工作時，就是因為王老師的引薦，而獲得最初的發片機會。如今每次他辦演唱會，只要王老師在場，陶喆一定會停下樂團，把聚光燈投給王老師，在所有觀眾的面前特地感謝他。某一天當我也有這個機會，也一定會這麼做。

　　好玩的是，當初與王老師有合作的機會，是間接透過另一個朋友的介紹，而這個朋友多年前曾經在工作上擺過我一道。我一直把他當個taker，但沒有特別跟他計較，沒想到幾年後，則因為他的介紹而與王老師結識。這就是「運氣」的奇妙關係。

　　第二位貴人，是台灣的「肯夢（Aveda）」創辦人朱平先生。他在我人生的十字路口最徬徨焦慮時出現，請我喝咖啡，聽我敘說自己的故事，然後對我說：「我覺得你要專注，找到能夠賺錢、但同時能夠幫助社會的方法。」他要我善用自己的背景和才能，成為年輕人的榜樣。「你很特別，只有你有這個機會，不要忘了！」他以誠懇、堅定又親切的語氣一再鼓勵我。朱平先生的熱情和正面能量源源不絕，也總是很願意給年輕人建議和好感。

　　朱平先生除了是很成功的企業家之外，也是我見過最了不起的「人脈中心」。他的朋友從商界到政界、從藝術家到科技新貴都有，橫跨各個領域和年齡層。每次在聚會上，只見他眉飛色舞地穿梭在眾人之間（他銀白的頭髮特別顯眼），總是忙著介紹朋友彼

此認識。他介紹人的時候也特別有魅力，讓雙方會對彼此立刻有
好感。而當社群網路正在改變台灣社會時，他創辦了一個固定的
聚會，叫The Red Room，效法美國詩人咖啡廳舉辦的「開放麥克
風」聚會，讓所有想要表演的人都能上台。你可以唱歌、吟詩、
分享一段故事……沒有創意和形式的限制。他唯一的要求，就是
要給予其他演出者同樣專注的聆聽機會。「人們不再聽彼此說話
了。」他告訴我：「我們要找回聆聽的價值！」The Red Room 一個
月一次，已經持續辦了五年，從未中斷過，也成為了一個非常國
際化的交流空間。每場活動都收小額門票，參加者自己帶飲料點
心，也最好帶自己的杯子，會後大家一起洗碗收拾場地。朱平先
生從商有成，這種小錢大可以贊助，但我覺得他這麼做才是智慧
的，因為這樣不但讓參與者更尊重這個平台，也讓這個聚會能夠
自我治理，靠賓客自己的力量持續下去。

　　朱平先生自許為「生意人、悅日人、漣漪人」，意思就是他在
做生意的同時，也處處希望讓人的一天更開心，製造正面漣漪。
他確實是「幸運聯線」的最佳典範。

　　第三位貴人，是台北旅店集團董事長戴彰紀先生。因為他的
孩子與我同輩，我先認識了他們，再認識戴董，所以我都直接叫
他「戴爸」或Uncle Jimmy。我結婚生子後，有一段時間被事業和
家庭壓力搞得焦頭爛額，蠟燭兩頭燒，愈來愈沒元氣。某天在聚

會上，戴董邀請我跟他一起「上山修道」，但不是燒香拜佛，而是騎自行車。因為他的激勵，讓我這個一輩子從來沒好好鍛鍊過身體的書蟲，透過運動而獲得了重生。我後來還與戴董一起報名，並完成了鐵人三項，讓我在40歲時竟然練出比我20歲時更好的體格。也因為持續運動讓我更有精神、做事更有活力，許多毛病竟然就不藥而癒了，也讓我首次克服了之前困擾多年的「季節性憂鬱症」。

雖然戴董自己也沒接觸自行車運動太久，但無論見到誰，就會馬上散播「運動福音」。這就是他的個性，充滿了分享的熱情，迫不及待想要大家體驗好東西，而看到別人開心，他更開心。還記得剛開始跟他騎車上山時，我上氣不接下氣，快累癱了，他還騎在旁邊一直說：「你看，一大早呼吸新鮮空氣，滿山的芬多精，這樣多好！」我實在很想瞪他。而他也似乎料到我會有所抗拒，所以從一開始，他就做了三件事情，讓我從 maybe 變成 Yes。

首先，他介紹了一位「國手級」的單車健將給我認識，請他陪我騎，隨時提供技術指導。因為這位老師「權哥」也賣單車，我的第一輛公路車就是他為我訂製、組裝的。我有了教練，權哥有了生意，真是雙贏！

再來，他在練習的初期，每次上山前都會親自過來接我，風雨無阻。這麼有誠意，讓我實在沒有拒絕的藉口。

最後，他送了我一套車衣。我這輩子還沒穿過那種全身緊

緊、有螢光色條，屁股還有護墊的奇怪衣服呢！一套好車衣價錢不低，要我自己出去買八成會一拖再拖。於是他幫我買了一套，當我某天坐上他的SUV準備出發時，直接丟給我一句話說：「現在你一定得騎下去了！」

這三件事，解除了我所有的抗拒和藉口，也讓我一次就能進入狀況。在準備寫這本書的時候，我約戴董訪談，問他是否覺得自己是個幸運的人，他毫不猶豫地說：「我就是幸運最好的見證！」他覺得自己最幸運的地方，就是有善解人心、給他空間的父母親，也讓他從小就有好客、不拘小節的大方個性。就是憑這個個性，戴董累積了人脈和信用，讓他在事業上處處都遇見好機會和貴人，一再而再創造事業巔峰。「利他」這個名詞，就是他送給我的。

我問他：「如果一個人從小沒有正面的環境，還有辦法改變個性，變成樂於利他的人嗎？」

他很認真地思考了一下，回答：「有，我也認識一些例子，但重點是，在改變之前，你一定要有那個意願。」

對照相關的心理研究，人要做改變，除了要有意願之外，也要有工具、知識和同好的支持。這三個關鍵，正是他帶我騎車時送我的三個禮物。一個對的介紹，可能為對方節省寶貴的時間。提供專業的知識，可能遠遠勝過幫對方處理問題。給他信心喊話，可能比借他一筆錢還來得有用。

當個有效的 giver，重點不是你給的多少，
而是你是否給得剛剛好。

Try this 20

　　施行「有效的 Giver」原則，在你的社群網路或朋友圈內，大方地贈送三個東西：

　　「好感」：如果看到朋友在 FB 上沮喪，給他們打氣，不只是按個讚，而是寫一個私訊給他們，給他們信心喊話，告訴他們你覺得他們的優點在哪裡，告訴他們「你可以的！」

　　「人脈」：介紹兩個朋友彼此認識，或介紹人認識一個機會，也許是幫一個正在找工作的朋友介紹相關產業的人士，或是介紹兩個你覺得很能夠幫助到彼此的人認識。

　　「知識」：以你的專業或專長回覆某人的問題，或是幫對方出個創意點子。對你來說，這只是運用你過去的學習和經驗給一些意見，但對別人來說，你的知識補充可以節省他們許多寶貴時間。

　　就這樣，你可以選擇分別在三天，或者在同一天，贈送這三個個人資源：「好感」、「人脈」、「知識」。

注釋：

1.http://web.stanford.edu/dept/news/pr/02/shockley1023.html。

2.有關威廉‧夏克萊的生平故事，這是一篇很好讀的陳述：http://www.2machines.com/articles/187244.html。

3.http://www.iza.org/teaching/falk_WS2003/falk_l3_bargaining.pdf。

4.Grant, Adam, *Give and Take: A Revolutionary Approach to Success*. Penguin Books, March 25, 2014。

5.Hare, Brian & Tan, Jingzhi, *How much of our cooperative behavior is human?* Duke University academic paper, retrieved from the web at https://evolutionaryanthropology.duke.edu/uploads/assets/Hare%20&%20Tan,%20in%20press.pdf。

habit 9

LUCK IS IN YOUR NETWORK

習慣九：維持社群網的弱連結

無論在工作、生涯發展、創作靈感、人際關係上，許多最幸運、帶來最大收穫的關係，都來自於某一種場合，或可以說「某一種人」的組合。但社交就跟開車一樣，總會有受傷的風險；社交和建立關係雖然非常重要，卻需要調配比例，唯有心態和方法都對了，你所擁有的廣大人脈，才會是一筆幸運財富。

人脈變成幸運財富的祕密

「我太害羞了，好希望能像你一樣，那麼外向！」最近常有人這麼跟我說。

「我？外向？您誤會了吧！」

我之前做過的每一個心理測驗，都明確顯示我的個性，其實是內向的（如果你也想測一下自己，右下邊有個簡易版的問卷）。

一個人在社交場合看似很自在，並不表示他天生外向，而內向的人也未必都是「牆花」。有不少人跟我一樣是「裝得很好的內向人」，個性未必喜歡社交，而是經過了一番練習，學會如何在社交場合自在一點罷了。

掃描 QR CODE
就有簡易版問卷！

中學時，我曾是個生澀的書呆子。到了大學，我還是不擅長社交，還曾經為了參加一場晚會而緊張到做嘔！但人不能一直活在自己的小圈子裡，必須走出去才能有更好的發展，於是我看了許多社交和溝通相關的書籍，並觀察善於交際的朋友，還模仿他們的談吐。

而繞了一大圈，試了各種「技巧」之後，我發現還是「做自己」最重要。雖然這聽起來像廢話，但其實是需要磨練的。有些人天生就自信十足，或因為神經大條，總可以大剌剌地做自己，但對於比較敏感、在意別人的眼光、容易受到影響的人來說，還是必

須透過多次的社交，見過各種大小場面後，才能逐漸從經驗中重獲自在。

我分享這個私人心得，是為了鼓勵所有自認為不擅長社交的朋友們：你可以開心做內斂的自己，維持豐富的內心世界（這是內向人的天賦），同時也能活躍於社交圈，建立廣泛的人脈，說不定還會被誤認為是個外向人呢！

而同時，你也不需要當個花蝴蝶。有些人總是在交際，每天都在趕場，但未必更幸福，反而常聽到他們說又被哪個朋友傷害了、跟誰傾訴卻被出賣了，哪個緣分成了爛桃花之類的。顯然，社交多未必更幸運，問題又出在哪裡呢？

我發現一個趨勢：無論在工作、生涯發展、創作靈感、人際關係上，許多最幸運、帶來最大收穫的關係，都來自於某一種場合，或可以說「某一種人」的組合，你猜猜會是誰？

親屬團？

死黨們？

同學會？

政商名流？

陌生人？

答案是：以上皆是！最幸運的組合要有熟識，要有淺交，也要

有素昧平生的面孔，而且最好熟人不要太多。親友團少一些，反
而更好。這個現象很弔詭，但根據《超級關係》這本書的分析，也
是相當合理的。[1]

《超級關係》作者理查·柯克（Richard Koch）是一位創業家和
企業顧問，也是把《80 ／ 20法則》這個觀念帶入21世紀的超暢銷
作家。他和創投業者兼媒體人葛雷格·洛克伍德（Greg Lockwood）
綜合了許多研究，得到一個驚人的結論：

當我們在尋找新機會，想要突破格局的時候，
泛泛之交往往比朋友更有幫助。

在華人眼裡，這似乎不大可能。「關係」不就是一切？不是話
說「有人，就沒事」、「有關係，就沒關係」嗎？非也！

幸運的機會時常來自於關係沒錯，但噩運也時常來自於關
係。尤其當人以利益交換為基礎而互相牽連時，當人沒了，機會
也往往就沒了。當關係扯上個人名譽時，一個綿密的人脈網其實
有許多弱點；一個連結點壞掉了，可能一竿子打翻一船人。

社交是必要的，也一定會有風險，就跟旅行、開車一樣。建
立關係還是非常重要，但我們需要認清這個關係網的價值。讓我

以一張圖來解釋：

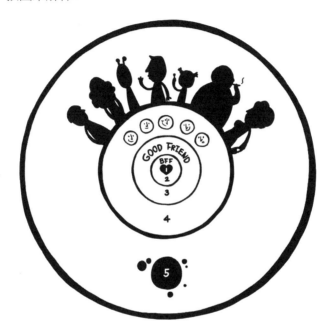

Level 1

　　最中間的那個紅心，就是你的家人、你的另一半、你的孩子，那些會讓你無條件幫助、投入愛情、與你的生命息息相連的人，無論血緣，我們都可稱他們為「親人」。

Level 2

　　再來是你的摯友和閨蜜、最密切的工作夥伴和那些血緣除

外，你真可以稱為兄弟姐妹的人。你可以隨時找他們傾訴心聲，而他們需要幫助的時候，你在能力範圍內一定會答應。這種心心相惜的朋友不會太多，有十來個人就已經很夠了。

Level 3

這些是你的熟識，可以直接以他們的外號稱呼他們的朋友。無論你在哪裡見到他們，一定會特別打聲招呼，而若他有喜事，你一定會去喝喜酒。一般來說，我們會有十幾位到幾十位這種朋友不等。這就是「好友圈」。

Level 4

再往外，則是「認識但不太熟」的朋友們，英文稱做acquaintances。我們在外面見到會打招呼，但不一定會停下來多聊。你知道他們的姓名，也可以說出與他們的關係，可以拿起電話打給他們寒暄，但除非事先約好，你不會冒昧去拜訪他們家。研究顯示這個朋友圈的數量有個150人左右的上限，也就是說，每次認識一個新朋友，就可能會有一個舊朋友被擠到圈外。

Level 5

最外面的一圈，就只能稱為「泛泛之交」了。你們在路上會彼此多看一眼，點頭微笑而已。你沒事不會去找他們，他們也不會

找你。除非有生意上的關係，到了節慶，這些不會是你寫卡片或送禮的對象。這些淺交也包括了之前曾經認識，但因為太久未聯絡而疏遠的朋友們。這個圈子就可能大得多，從數百人到上千人都可能。

從親密到陌生，在這五個等級的人際關係圖中，名單都隨時在變動，例如淺交可能某天變成好友，好友某天大吵一架變成陌生人。除了流動性很高，每個人的行為模式也不同。舉例來說，有些人寧可把朋友當家人，也不願意把家人當朋友。有些人可能在某些場合介紹你為「好友」，雖然你和他其實沒那麼熟。有些人很愛護親友們，但只選擇跟外人做生意。這五個圈圈很難以行為定義，但它們確實存在於每個人的心裡，而他們的大小也有限制，像 Level 4「認識但不太熟」的朋友圈就有150人的上限。為什麼？

人類學者羅賓・鄧巴（Robin Dunbar）發現：靈長類動物的大腦愈大，該種類的族群就愈大。因為與族群裡的夥伴要維持關係，記住這些關係，並合作相處，都需要記憶和腦力，所以群組的大小，也會根據腦力的上限而有自然的限制。根據不同靈長類動物的大腦（neocortex size）和族群大小（social group size）的比例，羅賓・鄧巴推算出人類的基本社交族群上限為150人，而當他研究了21個來自於世界各地的原始部落後，發現每個部落的人口，平

均在148.4個人，與這個理論完全相符！ [2]

挚友和好友圈也有上限，人數更少。因為交情是需要時間培養的，所以我們不可能讓每個朋友都成為閨蜜挚友。無論網路多發達，人還是見面三分情。唯有跟對方相處的時間夠久、夠密集或夠激烈，才能發展出深層的感情和信賴。一般來說，好友圈只有12個人左右，很可能就是因為我們沒有時間與更多人建立深刻的感情。

這麼來說，如果老友們失聯，讓你覺得有點惋惜，不用太自責！當我們的社交圈已經飽和了，必然有些交情會淡化，這是腦力和時間的限制造成的，不要因此覺得自己不夠朋友。

既然我們知道維持關係有上限，我們又該如何經營自己的社交圈，才能有最多的幸運機會呢？

珍惜你的「弱連結」

許多人認為，關係就是以你與對方多熟、互動多密切來定義。以這樣的看法，想必最好的關係都在Level 1到3。有些人會以「好感」、「信任度」，甚或是「利害關係」來定義交情，因此會花許多時間，透過送禮、吃飯、陪伴、幫對方處理問題來建立交情。這些都是社會中根深柢固的社交模式，但我們不要忘了，關係還有另一個很重要的特點：**資訊交流**。

　　史丹佛大學社會學教授格蘭諾維特（Mark Granovetter）研究了各種行業的職員發現：社會上絕大部分的人，都是靠關係找到工作的。有些是靠朋友引薦，有些則是從別人那裡聽到機會。這點聽起來沒什麼稀奇，但有趣的是：靠親友找到工作的人，只占了六分之一而已，其他都是透過較不熟的朋友獲得機會的，而其中超過25%則是幾乎沒什麼互動的「泛泛之交」！照理來說，親友團才比較有能力，也比較有意願幫助我們，不是嗎？格蘭諾維特教授這麼解釋：「**泛泛之交可能有不同的人際圈，因而能掌握我們沒有的工作資訊。找到新工作的最佳方式，是你不經意透過來自不同世界的泛泛之交偶然找到。**」[3]

　　由此可知，很多人認為「關係」的好處來自於互相的信任和協助，以及朋友之間的「介紹」，但其實關係的好處，時常來自於「**資訊的交流**」。我們相處密切、時常見面，天天關心的親友們，稱為「強連結」。這些關係富有感情，也需要用心維護。那些偶爾見面一次，每次可能只會聊幾句的淺交們，則稱為「弱連結」。如果你今天做一件事需要對方高度的信任和無條件的支持，強連結絕對比弱連結願意幫助你。但如果你需要的是諮詢和觀點，弱連結會跟強連結一樣有效，甚至還更好，因為他們跟你的生活圈不同，更可能會提供新鮮的知識。

舉例來說：

- 朋友告訴你一個好機會，讓你獲得了理想的工作，或適時做一筆投資。

- 你旁聽了一席獨特的談話，讓你意識到新趨勢和商機。

- 某個人不經意的一句留言，突然激發靈感。

回想在習慣六，曾經為石油公司做地質分析的那位工程師安迪‧希爾德布蘭，若不是他朋友的老婆在餐桌上隨意講了一個笑話，他也不會想出Auto-Tune這個改寫音樂歷史的軟體！

跟身邊的朋友聊聊，我也發現許多人的摯友，甚或是終生伴侶，往往都是透過淺交，甚至泛泛之交而認識的。像是我的朋友Nick在美國出生長大，當年準備來台灣發展前，去了一間唱片行問老闆Paul：「台灣有哪裡好玩的？」Nick跟Paul也不太熟，只知道他常回台灣，所以順便請教他。不久前Paul和我才剛認識，於是Paul就把我的電話給了Nick，說：「你可以去找這個傢伙！」某天，我的答錄機上就有個留言：「……嗨，你不認識我，我是舊金山Paul的朋友，我剛到台灣，想看看你有沒有空，出來碰個面……？」

如今，Nick是我最親近的朋友之一，我是他婚禮的伴郎。十幾年來，我們深深地影響了彼此的生涯，而回想當年，我們的生活圈和職業不同，認識的機率其實微乎其微，唯有與我們兩人都

不太熟的Paul，在舊金山把我的手機號碼寫在一張紙條上，開啟了這段友誼。這就是緣分吧！

在網路上灑些豆子

想像「資訊」、「機會」、「緣分」是一顆顆豆子。把它們灑在那個社交圖上，有些豆子可能落在中間，有些會落在外圍。中心的親友團可能跟你交情好，都願意把豆子主動分享給你，但若你不跟外圍的朋友交涉，就可能錯過了許多寶貴的機會，因為你根本不會知道那裡有豆子。我們應該與親友們培養深度的信任和感情，畢竟那是快樂人生的要件之一。但同時，我們也應該與外圍的「弱連結」保持聯繫，尤其生活圈與我們不同的人，因為他們可能帶來寶貴的資訊、靈感和人脈，是我們透過一般社交圈無法得到的。

既然時間和腦力有限，我們又要怎樣跟那麼多淺交維持關係呢？

感謝科技之神，給了我們「社群網路」這個工具。

透過Facebook、Twitter、Instagram、人人、微信這些平台，我們可以認識新朋友，並間接認識他們的朋友，和他們的朋友的朋友。大規模實驗已經證實了「六度分隔理論」（Six Degrees of Separation）[4]，而現在透過網路，我們更容易能夠與那些二、三度

之外的人連上線，甚至與地球另一邊的陌生面孔建立關係。

在我之前做的幸運問卷中，絕大部分填寫問卷的人都會使用社群網路，每個人平均有300位網友，遠遠超過「腦力上限」的150人。這表示我們多半都會有一些「泛泛之交」的網友，其實是一點都不熟的，說不定某天在街上碰到他們還未必認得出來呢！當然，這需要格外小心。以前我們只會分享給貼身好友的照片，現在很容易就被外人看得一乾二淨。我們得更注意自己的分享，不願意讓別人看到的，就不要上傳。有些人在網路上口無遮攔，散播謠言或謾罵他人，但這種訊息很容易被串連，製造是非者也很快會被揭穿。在網路世界，「報應」是大幅加速的，「現世報」已是慣例。所以，負面和不實的消息，千萬不要分享。

哪種訊息值得分享呢？記住「關係」存在於資源的交換。互信、互助、互利，都是良好關係的基礎，而這些主要還是留給最親近的核心朋友們。但就如我們能

tips

1. 個人心情、小抱怨、私密照片、碎碎念等等：留給關心你，你也關心他們的好友看即可。

2. 有用的知識、即時的資訊、有趣的創意、幽默的圖文：這些對泛泛之交也可能會有價值的資訊，只要沒有商業機密或版權問題，可以大方地分享。

從泛泛之交的朋友圈獲得有用的資訊、機會和人脈，我們也可以透過這些資源的分享，與很多人同時建立友好的弱連結。只要你所分享的，別人覺得有用，而別人所分享的，你也喜歡，這個關係就容易維持。

自從我給自己設定了一個簡單規則：只分享「有用」、「有意思」，或「有正面效果」的資訊以來，我的Facebook Page的like人數在幾個月內就多了一倍，平均每天只分享一則訊息，也從來不買廣告下，每週的點閱人數也都能破百萬，互動和分享率也愈來愈高。我還不算厲害的！之前認識一些優秀的年輕朋友，從分享「開箱文」、「餐廳評論」、「彩妝祕笈」，或每天畫幾張幽默插圖，不過一年就能擁有百萬粉絲，幾乎天天有廠商捧著銀子敲門，就是因為他們分享「有價值」的資訊，也因此提高了身價。

這是個前所未有的機會！不但能交朋友，還能讓素人發揮媒體的影響力。而且，若你本來就有特別的才能或興趣，又積極分享相關的資訊的話，就更容易吸引志同道合的朋友。當人多了，版上熱絡了，你就有機會成為相關領域的「站長」，讓全世界的人都自動來找你！這時，你所擁有的廣大人脈，就會是一筆幸運財富。

這就是「把資訊化為無限的資源，用資源分享創造無限關係」的理論。

既弱又強的連結

如之前所提,強連結的優勢是信任和感情。弱連結的優勢是廣泛新鮮的資訊。而有一種連結,則具有兩者的特點,可以說是具有「高度幸運潛力」的人際關係。我們每個人應該都有一些這種「既強又弱的連結」,但很少人會特別經營這種關係。

他們,就是許久不曾聯絡的老朋友們。也許是高中同學,也許是小時候一起長大的鄰居,也許是離職許久的同事或以前的客戶,甚或是分手已久的情人。我們曾經與他們密切共處、一同度過好壞時光、經歷過傻氣的浪漫歲月,但各自走了不同的人生路徑,久而久之失去了聯絡。但偶爾,莫名奇妙地,還是突然會想起他們的名字,甚至還會夢到他們。當年你們有的一些不愉快可能已經淡化,而愉快的片刻仍舊有些餘溫,但每次想要聯絡、卻又不知該如何開場,只好把思念默默存放在心中。

**只要你還聯絡得上他們,我很建議你試試看,
因為這些失聯的老朋友,
都有機會再次成為我們生命中的貴人。**

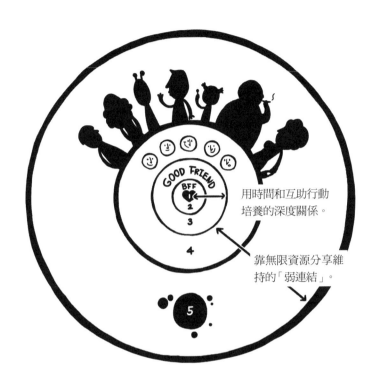

用時間和互助行動
培養的深度關係。

靠無限資源分享維
持的「弱連結」。

　　從人際關係圖來看,他們可能曾經是Level 2、Level 3的交
情。當時互動頻繁,彼此的世界都有高度重疊。但逐漸疏遠了,
他們從Level 3退到Level 4,最後不知不覺地消失在Level 5的茫茫
人海裡,彷彿搬到了另一個世界。其實,當他們的社交圈和人生
經歷與我們愈來愈不同的時候,等於就是在另一個世界了。若真
有機會再次碰面,除了那些「你還是老樣子」的場面話之外,我相
信你也會發現對方有了不少深刻的改變。

之前透過即時通訊軟體，我很幸運地找回一些很久不見的老友。有些只寒暄了幾句，有些則來回對話了十幾分鐘。有些因此而重新開始聯絡，甚至與我約時間見面。與老友見面是一個令人緊張的過程。一方面你會很想要炫耀，顯示自己過得多好，但卻又有點想要跟他傾訴，尤其曾經同甘共苦過，那種好壞皆知的感覺是讓人渴望喚回的。

而根據我的親身經驗，只要之前的交情夠深，不過幾分鐘的客套話，突然某人想起一段好笑的回憶，或聊起某一位朋友的近況，那種感覺又回來了。逐漸地，眼神軟化了，肢體語言自在了，相談甚歡之後，總有一方會主動說：「好奇怪啊！那麼多年沒見，但一旦聊起來，彷彿當年就是昨天的樣子！」

這不是特例，而是慣例。老朋友相見，一旦開始敘舊，八成很快就能再熱絡起來。感覺比細節更經得起時間的考驗。一旦記憶被喚起，感覺就會重現。當我們再與對方聊聊近況，不是以較勁的心態，而是基於誠心的關注和好奇時，幾乎每次都會有很多收穫。不同的經歷所帶來的心得，總是能讓我們學習；不同視野的見解，總是能讓我們借鏡。而好幾次，當我描述自己最近在忙的案子時，對方都會提出一些很有幫助的意見，我也往往都能為老友提供一些有用的資訊。

後來想想，這位老朋友現在最麻吉的夥伴們，搞不好都沒聽過他那麼完整地陳述近年的心得。如果人見面三分情，昔日老友

見面則是七分情，甚至更多。而憑著老交情的感覺，有些話更願意說，交流既深刻又富有新鮮感。這不正是綜合了「強連結」與「弱連結」的優勢嗎？

子曰：「有朋自遠方來，不亦樂乎？」現在我確切體會到這一點。如今只要有朋友從遠方來到台灣，我一定會盡全力與他們碰面。我相信無論如何都會是值得的，也從來不會失望。

所以，假如你有一些想要聯絡，又不太好意思聯絡的老朋友，以下三個建議，都可以做為開場：

一、善用節慶或自己的人生里程碑，給對方寫張賀卡

Email也可以，但手寫的卡片還是最有溫度。美國人時常在聖誕節寄送卡片。這個習俗如今不如以前，在亞洲則更少人做，但也正是因此，你的卡片會是朋友郵箱裡的亮點。另一個好處是：卡片不用寫太多字，更簡單！

二、以對方的專長，請教他們的意見

我就曾經收過十年不見的朋友來信：「嗨！好久不見！我一直記得你是個很厲害的DJ。不知道你是否現在還在打碟，但我想請教你幾個相關的問題……」我不但不會覺得突兀，反而還很高興他記得我的專長，也讓我們立刻有個話題能聊。同樣的，你也可以根據老友的專業或興趣，請教他一些相關的問題。只要你夠客

氣，我相信多半的老交情都會樂意提供他們的寶貴意見，也藉此
再度與你聯線！

三、某一天若有某件事突然讓你聯想到某位老友，就直接寫封信給他吧

　　純粹問候，不需要任何理由。像是有天我在整理書架，看到
一位老朋友曾經送我的小說，就用手機拍下封面傳給他，簡單寫
道：「今天翻出來，突然想到你，希望一切都好。」他也只簡單回
了個友善的表情符號，但不久之後，我便接到他的電話：「嘿，我
剛好要來台灣出差，你會在嗎？」輕描淡寫的一句，只要夾帶著
記憶，都可以是深刻的關懷（不過對於昔日的情人來說，這種問候就
得要慎行）。

Try this 21

　　分別三天，選三個許久沒聯絡的老友，以這三種方式，跟他們打聲
招呼。如果沒收到回應，不要氣餒，可能他們自己還沒準備好，這種事
情不需要急。但若有回應，如果方便的話，與他們約個時間出來喝杯咖
啡吧！不要帶任何目的，不要有比較或炫耀的心態，純粹只是聊聊天，
敘敘舊、重溫舊夢。

你很可能會有意想不到的幸運收穫。說不定對方還會說：「怎麼那麼巧？我今天早晨才突然想到你，你接著就來聯絡了！」

這種事發生過不只好幾次。對於這個現象，我無法解釋。

只能說，這是個幸運的開始吧！

注釋：

1.Richard Koch & Greg Lockwood, *Superconnect: The Power of Networks and the Strength of Weak Links*. 2010 Hachette Digital. 中文書名：《超級關係》，時報出版。

2.這個叫Social Channel Capacity理論，引述於 Malcolm Gladwell, *The Tipping Point - How Little Thing Can Make a Big Difference*. Back Bay Books, 2002, p.177-181。

3.《超級關係》中文版第48頁。

4.在2008年，霍維茲（Eric Horvitz）和萊斯科夫（ Jure Leskovec）分析了一億八千萬個 Microsoft Messenger的用戶通訊，統計出人與人之間的平均離合度，得到的結果是6.6。現在更多人使用即時通訊和社群網站，這個數字很可能還會更低。

ending

SMALL
CHANGES
=
BIG
LUCK
!

結語

小改變＝大幸運！

　　恭喜你看完了這本書！希望你現在也和我一樣，相信幸運是自己能創造的。最後來個簡單的總結：

1. 人生不可能永遠順遂。好運的人能夠逢凶化吉，不僅僅要靠樂觀的態度，也要靠行動和解決問題的能力和信心。

2. 世界是混亂的，充滿了雜訊，但也充滿了機會。除了提醒自己要把握當下之外，我們需要設定明確可行的目標、對生活有所取捨，並廣泛吸收知識，才能讓那「靈光一現」的幸運更容易發生。

3. 幸運的機會來自於人，所以需要培養關係。如果你對「資源」重新定義，公平分享有限的資源，並大方無私地分享無限的資源，你的人際關係就會成為一個幸運網。這時透過「故事」把你的夢想發送出去，就能讓你受到貴人相助的機會倍增。

　　我深信，只要你掌握了這三個基本概念，就能大幅增加幸運的機會。研究和實驗對這些議題都已經有了佐證，而我在研究中所看到的成功案例，以及與身邊的幸運者訪談時，也一再地感受到這些原理。

　　反觀自己的生活，我曾經有許多幸運的經驗，也是因為無意間運用了一些幸運的觀念。當然，現在的我還有不少改進空間（尤其在「調頻」這部分），但有趣的是，自從我試做這些訓練習題，也的

確發現生活裡出現了不少幸運「巧合」，包括這本書一路從想法到出版的過程，時時刻刻也都受到了這些幸運動力的幫助。

為了向自己證明這不是「老王賣瓜」（畢竟自己設計的習題，一定會自己覺得有效，不是嗎？）我請天下文化找來十幾位不同行業和年齡層的素人，請他們進行了30天的測試練習（pilot study），並定期追蹤他們的狀況。一個月下來，幾乎每個人都覺得心情有改善；有些人覺得人際關係稍微變好，也有好幾位覺得自己變得更幸運。所以我敢說：

即使你覺得自己已經很幸運了，
練習這本書的觀念，也應該能夠讓你更幸運。

最起碼，這裡的一些建議，能幫助你心情更樂觀、工作更有效率、人際關係更融洽。這也算是一種幸運，不是嗎？

怎麼練習最好呢？這讓我想起一部1980年代的老電影，叫「小子難纏」。

故事講一個美國青少年丹尼爾，搬家後因為新同學的身分，在學校裡飽受同學們的霸凌，痛不欲生。因緣際會中，他認識了一位功夫高超的空手道大師──「宮田老先生」，趕緊拜他為師。宮田先

生說：「好，但你要學空手道，就要照我的方法。」丹尼爾一口就答應，然後宮田先生就給他一塊海綿和抹布，說：「先把我所有的車洗乾淨，並打蠟，右手上蠟，左手擦亮（wax on, wax off!）。」

丹尼爾很不解，但還是乖乖地做了。宮田先生又給他一把刷子，叫他粉刷院子的籬笆。如此打工了一天又一天，宮田先生始終沒教他半個招數。丹尼爾實在受不了了，氣憤地抱怨，宮田先生竟然對他揮出拳頭！很神奇地，這時丹尼爾竟然立刻用「打蠟」的動作把拳頭撥開了！宮田先生再次出拳，丹尼爾則迅速用「刷籬笆」的手勢擋掉了。這時丹尼爾才恍然大悟：原來宮田先生叫他洗車、打蠟、刷油漆，其實是在練功啊！一直重複做同一個動作，直到動作成為自動反射，這才是最扎實的練習方法！

我在設計這套幸運的練習時，時常想到「小子難纏」。這些練習都不需要很多時間，也不會很複雜。單獨來看，它們或許沒什麼意思，但說不定某一天，就會突然在你的生活裡奏效。我鼓勵你試試看，一次挑選一、兩個練習，持之以恆地維持一段日子，讓練習成為生活習慣，不經過思考都能做。這時，它們也就有機會發揮最大的效果。

而在過程中，希望你可以不時跟自己對話，注意哪些練習做起來特別有感覺？哪些會令你不耐煩？有時候，我們最抗拒的練習，也可能正是我們最需要加強的地方。如果需要加強，那就加強吧！隨時注意生活中的小改變，是否也有一些幸運的效果。請不吝分享

你的心得，讓我有機會把內容變得更好。

　　而如果你對這些練習很有感覺，或想要更進階的訓練課程的話，我也設計了一套「Get Lucky訓練課」，包括一些更仔細的習題，還有一些幫助你自我評估和追蹤進步（progress tracking）的網路工具。我也為每個練習錄製了一段講解視頻，讓忙碌的你能在五分鐘之內掌握重點。這些都在我特別為「助你好運」設立的網站裡。我也會在那裡不時分享一些新的研究資訊和知識，並回復讀者的提問，歡迎你有空過來坐坐：www.getlucky.com.tw。

　　最終，我希望這本書能為你帶來一些正面能量，進而為社會帶來一點能量。我的夢想是：如果每個人都能使用科學方式監視，並微調自己的生活，實現「小改變」的話，自然就會有更多良機善緣和好感，我們的社會也會愈來愈好。

　　希望這本書能助你好運，也祝你好運。Good luck！

掃描QR CODE
就有影片可看囉！

特別感謝：幸運的緣分

這本書從構思到出版，本身就是一個充滿了幸運的歷程。

一切源於天下文化2013年出版的《閱讀的力量》。這本書中訪問了十個人的閱讀經驗，包括我在內。當時的系列主編李桂芬陪同撰稿記者李康莉到家裡來，順手帶了幾本天下文化出版的翻譯書籍。我一看，發現裡面九成竟然都是自己正在讀的書！與我的個人閱讀清單有那麼高的吻合，簡直就是巧遇知音，這麼一來便開啟了我和天下文化的密切合作。

這本書最初的編輯呂靜芬是個思想新穎前衛的出版人。這本書的概念就是我與她多次在93巷人文空間用餐聊天而逐漸構思成型的。後來她因個人生涯規劃離開了天下文化團隊，但對於這本書一直有很大的貢獻，包括介紹我認識《30雜誌》總編輯成章瑜。總編輯不但提供了許多對讀者群的深度見解，還把「幸運」設為《30雜誌》2015年一月份的封面故事，讓議題能得到更多關注。

天下文化主編黃安妮把草稿一路扶持到成品，在各部門之間協調，並一直信心喊話，很感謝她對這本書的重視。內文與網路和短片有互通連結，在國內出版界算是頗新的嘗試。正巧，天下文化就在這段期間成立了「數位影視中心」，於是我的許多ideas就有了人力和執行空間。感謝高希均教授、王力行發行人、林天來總經理，和整個行銷和多媒體團隊所有同仁的大力支持，讓我們

能把這個案子玩得很盡興。

　　書中的幸運調查及後續的數據分析，要感謝麥志豪、麥志綱這對兄弟。志綱是台大心理系博士候選人，他哥哥是網路創業者，兩人讓這份研究有了線上平台和學術考正。他們自己創辦的心情記錄網Pinsoul.com有許多優質心理文章，推薦各位上去看看。這本書相關的getlucky.com.tw則要感謝「貝殼放大」團隊的技術支援。能夠認識這些優秀網路人，是因為我把錄影機借給他們的合作夥伴，充分體現了giver的幸運後果。也非常感謝所有參加了Lucky Survey的八千多位來自世界各地的網友們，you know who you are!

　　插畫家Rae Chou是我在TEDxTaipei認識的。她當時負責把我的現場演講即時畫成圖，反應快、筆觸輕鬆幽默，與書的內容是最好的搭配。名設計師馮宇所主持的IF OFFICE在排版和封面設計上掌握了專業和活潑的平衡，也實在不簡單。我個人平時不愛拍照，是在Kave Studio的Johnny和攝影師Paul的指導下，並經過了造型師李慧倫的精心打造，才能夠呈現最自然的一面。

　　為了測試書中的幸運概念，我特別設計了一套訓練課程，很感謝那十幾位來自各行各業的「幸運測試駕駛」們，無償擔任一個月的白老鼠，除了做各式各樣的練習，還不時給予寶貴意見回饋，尤其「隊長」王冠珉負責每天的聯絡溝通，辛苦了！我在撰寫過程中訪問了許多各界成功人士，在此無法一一列出，只能對他

們所提供的建言和無價的好故事深深感恩。

這本書整個計畫能夠環環相扣如期執行，我的經紀人Cary是關鍵。她必須身兼規劃者、協調者、督促者、管理者，有時還得當保姆和啦啦隊。在活動檔期最滿的時候，她忍痛把我的行程騰空，讓我能好好閉關寫作。能夠找到這麼好的合作夥伴，實在是一大福氣。

最後也是最重要的，感謝我的家人：太太Cardin、女兒千千、兒子川川。他們是我的精神支柱，體諒我在閉關時的心不在焉，在最忙碌的時期過著「偽單親」的日子，還讓我身邊總是充滿著愛和歡笑。他們是我的福星！感謝父母親和妹妹一路以來無條件的關心和支持，為我建立幸運的人格基礎。謝謝岳母協助家務，讓我沒有後顧之憂。沒有他們的愛，不會有現在的我。

這本書的誕生就是緣分。願每一位與這本書有緣接觸的人，從開始到未來，都能有更幸運快樂的人生。

劉軒 2014年12月

Good luck!

LUCKY NOTE

心理勵志 BP356

Get Lucky！助你好運
九個心理習慣，讓你用小改變創造大運氣

國家圖書館出版品預行編目(CIP)資料

Get Lucky! 助你好運：九個心理習慣,讓你
用小改變創造大運氣 / 劉軒著. -- 第一版.
-- 臺北市：遠見天下文化, 2014.12
　　面；　公分. -- (心理勵志)
ISBN 978-986-320-628-6(平裝)

1.習慣心理學

176.74　　　　　　　　　　　103025394

作者／劉軒
事業群發行人／CEO／總編輯／王力行
資深行政副總編輯／吳佩穎
責任編輯／黃安妮
封面設計暨內頁設計／IF OFFICE・Sally
內頁插畫／Rae Chou
封面攝影／Paul Chen
造型梳化：李慧倫、曾湘婷
服裝贊助／Brunello Cucinelli 、雅倫閣 Acqua Elegante
出版者／遠見天下文化出版股份有限公司
創辦人／高希均、王力行
遠見・天下文化・事業群 董事長／高希均
事業群發行人／CEO／王力行
天下文化社長／總經理／林天來
國際事務開發部兼版權中心總監／潘欣
法律顧問／理律法律事務所陳長文律師
著作權顧問／魏啟翔律師
地址／台北市104松江路93巷1號2樓
讀者服務專線／（02）2662-0012
傳真／（02）2662-0007；(02)2662-0009
電子信箱／cwpc@cwgv.com.tw
直接郵撥帳號／1326703-6號　遠見天下文化出版股份有限公司
電腦排版／IF OFFICE
製版廠／中原造像股份有限公司
印刷廠／中原造像股份有限公司
裝訂廠／中原造像股份有限公司
登記證／局版台業字第2517號
總經銷／大和書報圖書股份有限公司
電話／（02）8990-2588
出版日期／2014年12月25日第一版第一次印行
　　　　　2019年 1 月19日第一版第二十次印行
定價：330 元
書號：978-986-320-628-6
天下文化官網　bookzone.cwgv.com.tw